Eva Hoffmann – Margarete Lambio

Das Beste aus Omas Küche

Über 180 der schönsten Rezepte aus Omas Küche, viele praktische Anregungen, Tips und Tricks

Edition Labonté

Druck und buchbinderische Verarbeitung: Ebner, Ulm
Gestaltung und DTP-Satz: Thomas Heider, Bergisch Gladbach
Redaktion: Christiane Heering-Labonté, Sabine Doetsch
Umschlagfoto: Achim Kukulies, Düsseldorf
Umschlaggestaltung: Schömann, Büro für Gestaltung, Köln

ISBN 3–9805792–0–4

Inhalt

ZU DIESEM BUCH
Seite 8

KAPITEL 1
Seite 13
VORSPEISEN UND KLEINE HAPPEN

KAPITEL 2
Seite 31
SUPPEN UND EINTÖPFE

KAPITEL 3
Seite 63
GEMÜSE

KAPITEL 4
Seite 103
SALATE

KAPITEL 5
Seite 123
KARTOFFELN UND ANDERE SATTMACHER

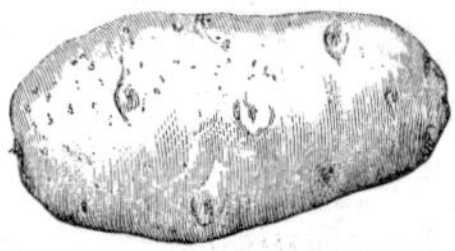

KAPITEL 6
Seite 161
SAUCEN UND DIPS

KAPITEL 7
Seite 177
FISCH

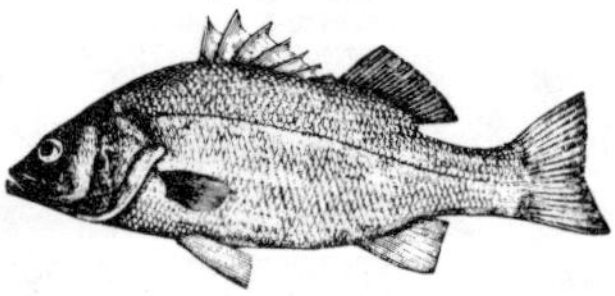

KAPITEL 8
Seite 199
FLEISCH UND GEFLÜGEL

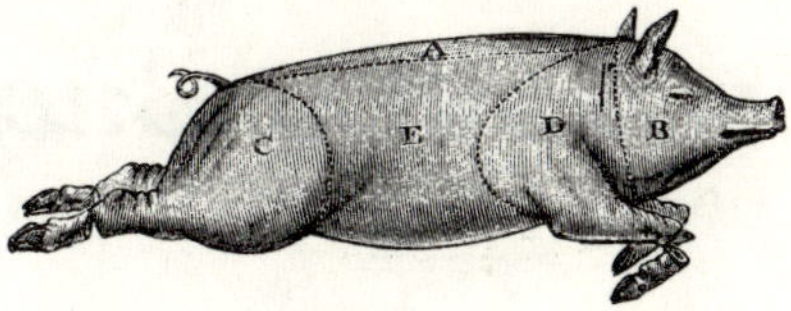

KAPITEL 9
Seite 239
NACHSPEISEN UND ANDERE SÜSSE SACHEN

REGISTER
Seite 278

Zu diesem Buch

Die Zahl der Kochbücher wächst unaufhörlich. Und das, obwohl im »Praktischen Kochbuch« von Henriette Davidis, dem Standardwerk der deutschen Küche des 19. Jahrhunderts, schon im Vorwort die ängstliche Frage gestellt wurde, was die Leserinnen und Leser angesichts der Vielzahl von Kochbüchern zu dieser Neuerscheinung wohl sagen würden. Das war im Jahre 1844…

Seitdem hat sich vieles geändert: Die Zahl der Kochbücher ist ins Unüberschaubare gestiegen, und kaum jemand hat angesichts der vielen Rezepte, Ratschläge und Ernährungsweisheiten noch den Durchblick.

Ängstlich beugen sich die einen dem Diktat ständig neuer Diäten und verdammen die arme Kartoffel, um nur ein Beispiel zu nennen, auf die Bank, wo die vermeintlich ärgsten Dickmacher sitzen. Man begnügt sich fortan mit dem Konsum von Steaks, die an Salaten mit einem Dressing von zweifelhaftem Genuß serviert werden, weil auf das Öl verzichtet wurde. In diese Genußwelt platzen dann Nachrichten von Lebensmittelskandalen…, was tun?

Andere bereiten im tiefsten Winter Obstsalate mit Erdbeeren aus Zentralamerika und Äpfeln aus Neuseeland und können um die Weihnachtszeit herum partout nicht auf frischen Spargel verzichten. Hinterher klagen sie dann darüber, daß alles im Grunde »nach nichts« geschmeckt habe.

Ganz andere wiederum verspüren nur Befriedigung beim Essen, wenn sich die Tische unter der Last von großen Fleischportionen biegen. Fleisch als Luxus? Wohl kaum! Angesichts der blassen und wäßrigen Ware, die da häufig auf den Teller kommt, muß man zu einem anderen Schluß kommen.

Doch es gibt auch andere, und dazu gehören wohl auch Sie, liebe Leserin, lieber Leser dieser Zeilen: Genervt von immer neuen Lebensmittelskandalen, chemisch oder gar gentechnisch behandelten, sterilisierten und denaturierten Produkten, vorgefertigten oder rund um den Erdball transportierten Lebensmitteln und den daraus gekochten Gerichten, besinnen sie sich auf alte Rezepte, Speisen und Zubereitungsweisen, die sie bei ihren Müttern und Omas kennengelernt haben. Ihre Gaumen erinnern sich an Rezepte aus guten alten Tagen, und ihre Nasen nehmen die Witterung auf. Man glaubt den Geruch zu spüren, der die Wohnung durchzog, wenn der Sonntagsbraten zubereitet wurde, und das Wasser läuft einem beim Gedanken an Omas Erbsensuppe im Munde zusammen.

Sie entdecken, warum die Rezepte vergangener Tage von den Jahreszeiten und den Prinzipien der Eigenerzeugung und der Vorratshaltung bestimmt waren, und sie erkennen, daß man schmackhafte Gerichte auch ohne Fleisch zubereiten kann. Sie besinnen sich darauf, daß dem Überfluß der Sonn- und Feiertage auch Tage gegenüberstehen sollten, die von Zurückhaltung oder karger Resteverwertung geprägt sind. So wandert plötzlich die trockene Scheibe Brot nicht mehr gedankenlos mit einem resignierenden Schulterzucken in die Mülltonne, sondern findet sich anderntags in einer schmackhaften Brotsuppe, selbstgemachten Semmelknödeln oder im berühmten Nachtisch »Arme Ritter« wieder.

Vieles von dem, was uns heute als »neueste Erkenntnis« der Ernährungsforschung verkauft wird, findet sich in den Rezepten und Küchentricks aus Omas Zeit wieder. Eines wird dabei aber ganz besonders deutlich: Die vielen Anregungen, Erinnerungen, Tips, Tricks und Rezepte, die in diesem Buch versammelt sind, spiegeln ein Stück Kulturgeschichte des Essens und Trinkens wider, das nicht in Vergessenheit geraten darf.

Und so hoffen wir, daß Sie uns zustimmen, daß wir zumindest dieses eine Kochbuch noch veröffentlichen dürfen, trotz oder gerade wegen der vielen Konkurrenzpublikationen. Wir wünschen Ihnen viel Spaß mit Omas Rezepten und Tricks, von denen wir hoffen, daß sie Ihren Speiseplan bereichern werden.

Eva Hoffmann — Margarete Lambio

Kapitel 1

Vorspeisen und kleine Happen

Kroketten von Bratenresten

Zutaten

100–125 g Mehl
1/4 l Milch
1 Prise Salz
Butter zum Braten
30 g Butter
30 g Mehl
Fleischbrühe
150–200 g Bratenreste
2 EL Weißwein
1 Ei
Paniermehl
Butterschmalz

Zubereitung

Aus Mehl, Ei, Milch und Salz einen glatten, dünnen Teig anrühren. In einer Pfanne Butter erhitzen und darin den Teig zu dünnen Flädchen ausbacken. Zur Seite stellen.

Mit der Butter und dem Mehl eine helle Mehlschwitze rühren und diese mit so viel Fleischbrühe ablöschen, daß eine dicke, sehr sämige Sauce entsteht. Die in kleine Würfel geschnittenen Bratenreste in die Sauce geben und den Weißwein dazu gießen. Den Topf vom Herd nehmen und die Masse etwas abkühlen lassen. Die Flädchen werden mit der Masse bestrichen, aufgerollt, in Ei und Paniermehl gewälzt und dann in reichlich Butterschmalz goldgelb gebraten.

Omas Tip

Eine Mehlschwitze, auch »Einbrenne« oder französisch »roux« genannt, wird meist zu gleichen Teilen aus Butter und Mehl hergestellt. Man erhitzt die Butter, bis sie schäumt, und rührt dann das Mehl gleichmäßig darunter, bis eine glatte Masse entsteht.

Je nachdem für welche Gerichte man die Schwitze benötigt, läßt man sie hell, braun oder sogar dunkelbraun anschwitzen. Dabei muß ständig gerührt werden. Dann mit Flüssigkeit unter starkem Rühren ablöschen. Am besten nimmt man den Topf vom Herd. Je nach Gericht, für das die Schwitze gedacht ist, läßt man sie dicker werden, oder man gibt etwas mehr Flüssigkeit dazu. Eine sehr dunkle Schwitze kann bis zu 40 Minuten benötigen. Eine helle, relativ geschmacksneutrale ist dagegen schon nach 2 Minuten fertig.

Früher, in dürftigen Zeiten, wurden Schwitzen meist mit Margarine oder Öl, Mehl und Wasser hergestellt. Leckerer sind sie selbstverständlich mit kräftiger Brühe. Auch werden heute die Saucen gerne noch mit Sahne verfeinert.

Pochierte Eier

Zutaten *1 l Wasser*
1/2 TL Salz
3 EL Essig
2 Eier pro Person

Zubereitung

Wasser, Salz und Essig zum Kochen bringen. Dann je 1 Ei in eine Suppenkelle aufschlagen. Diese dann so lange ins Wasser halten, bis das Eiweiß weiß und fest wird, anschließend ins Wasser gleiten lassen. Auf diese Weise nacheinander alle Eier verarbeiten. Dann mit einer Schöpfkelle herausnehmen.

Dazu paßt hervorragend eine Senfsauce, die Sie wie folgt zubereiten: 1 Becher Sahne und 2 EL Dijonsenf zusammen aufkochen und so lange köcheln lassen, bis die Sauce dick wird. Dazu reicht man Toastbrot, Kartoffeln oder auch Salat.

Omas Tip

Pochierte Eier können in kaltem Salzwasser im Kühlschrank 2 Tage aufbewahrt werden.

Sellerie-Käsebrot

Zutaten *125 g Knollensellerie*
125 g Emmentaler Käse, gerieben
50 g Mayonnaise oder Butter
Salz
Schnittlauch
kräftiges Bauernbrot

Zubereitung

Den Sellerie putzen, kochen und anschließend abtrocknen und sehr klein hacken. Den geriebenen Käse zum Sellerie geben und das Ganze anschließend mit etwas Mayonnaise oder ganz wenig schaumig gerührter Butter verrühren. Auf das Brot streichen und mit Salz und Schnittlauch würzen.

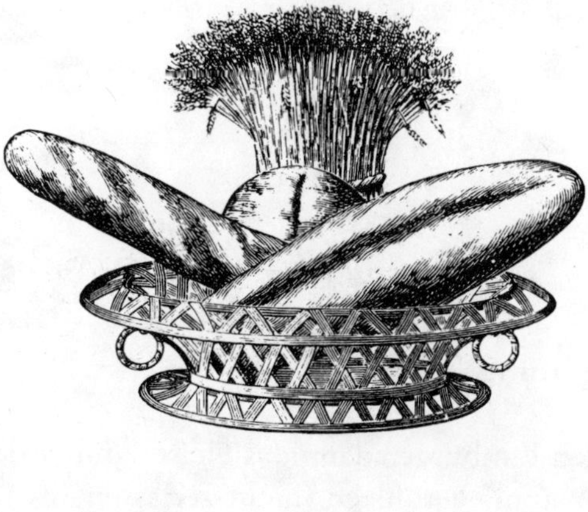

Maurerkaviar

Nicht etwa die Stadt Limburg, bekannt für ihren wunderschönen Dom, ist die Heimatstadt des berühmten Limburger Käses, sondern die belgische Grafschaft gleichen Namens. Der Limburger ist ein pikant schmeckender Weichkäse mit einem Geruch, den viele Menschen respektlos eher als Gestank einordnen. Der Name »Maurerkaviar« rührt von der Form und Farbe des Käses her, die stark an einen Ziegelstein erinnern.

Zutaten *125 g Limburger Käse*
100–150 g Reste von Siedefleisch
40–50 g warme Butter
Salz
Schnittlauch
kräftiges Bauernbrot

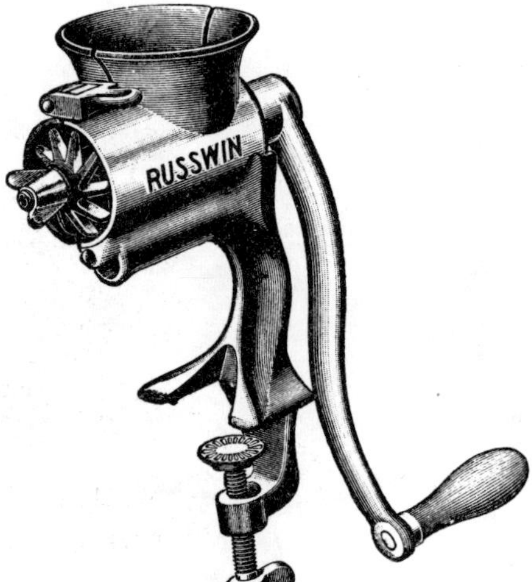

Zubereitung

Erst den Limburger, dann das Fleisch durch den Wolf drehen. Die Masse mit der schaumig gerührten (nicht zerlassenen!) Butter sehr gut vermischen und auf die Brotscheiben streichen. Salzen und mit Schnittlauch bestreuen.

Sülze

Was in die Sülze kam, bestimmte einst der Inhalt der Geldbörse: Bei den Armen waren es Schweinskopfreste, und wo es finanziell etwas besser aussah, kamen schieres Schweinefleisch oder gar Kochschinken in die Sülze.

Zutaten
500 g schieres Schweinefleisch
2 Kalbsknochen
2 TL Salz
1 Stange Lauch
1 Stange Sellerie
2 Möhren
2 Lorbeerblätter
2 Nelken
etwas Essig
10 Blatt Gelatine

Zubereitung

Alle Zutaten in 1 Liter Salzwasser aufsetzen und köcheln lassen, bis das Fleisch gar ist. Die Gelatine in Wasser einweichen und das Fleisch würfeln. Die Brühe sieben, nochmals um ein Viertel einkochen und dann die gut ausgedrückte

Gelatine unter heftigem Schlagen einrühren. Eine flache Glasschüssel mit etwas neutralem Öl einreiben, die Fleischwürfel hineingeben und mit der Brühe übergießen. Anschließend im Kühlschrank fest werden lassen. Zum Essen den Inhalt der Glasschüssel auf ein Küchenbrett stürzen und in Portionen aufschneiden. Bei der Oma gab es dazu Bratkartoffeln und Salat.

Ölsardinen auf Brötchen

Die Sardine, eine bis zu 25 cm lang werdende Heringsart, die man vor allem im Atlantik fängt, kam schon bald nach der Erfindung von Konservendosen in der Mitte des 19. Jahrhunderts in Form von Ölsardinen auf den deutschen Markt.

Zutaten

2 Eier
8 Ölsardinen
Pfeffer
Salz
Olivenöl
frisches Weißbrot

Zubereitung

1 Ei hart kochen, das andere trennen und das Eigelb aufbewahren. Die Fische werden in einer Porzellanschüssel mit einem Holzlöffel zerdrückt. Dann das rohe und das gekochte Eigelb, Pfeffer, Salz und etwas Olivenöl zu den Fischen geben und alles zu einer homogenen Masse verrühren. Die Masse dick auf frische Weißbrotscheiben geben – fertig ist ein zünftiger Happen.

Beamtenstip

In früheren Zeiten, als bei den preußischen Beamten zum Monatsende hin das Geld knapp wurde, soll dieses Gericht bei ihnen sehr beliebt gewesen sein. Dazu schmecken am besten Salzkartoffeln oder Nudeln.

Zutaten *2 kleine Zwiebeln*
40 g Butter
Salz
Pfeffer
400 g Hackfleisch
4 EL Tomatenmark
1/2 l Wasser

Zubereitung

Die feingehackten Zwiebeln in einem Schmortopf im heißem Fett glasig werden lassen. Dann das mit Salz und Pfeffer kräftig gewürzte Hackfleisch zugeben und mit den Zwiebeln mischen. Wenn das Fleisch gut gebräunt ist, gibt man das Tomatenmark und 1/2 l Wasser zu. Das Ganze 20 Minuten bei kleiner Hitze köcheln lassen.

Gekochte Eier in Senfsauce

Als es noch üblich war, Hühner nicht nur auf Bauernhöfen, sondern auch in Gärten und Vorgärten zu halten, stellten Eier keinen spürbaren Kostenfaktor dar. Heute ist man mit ihrer Verwendung in der Küche wegen ihres vermeintlich schlechten Einflusses auf den Cholesterinspiegel merklich sparsamer geworden, und Eiergerichte haben in weiten Bevölkerungskreisen deutlich an Popularität verloren.

Zutaten

50 g magerer Speck
25 g fetter Speck
etwas Margarine
1 mittlere Zwiebel, gewürfelt
1 EL Mehl
1/4 l Wasser
Salz
1 EL Senf
Pfeffer
1/4 TL Zucker
8 mittelweich gekochte Eier, gepellt

Zubereitung

Den mageren und den fetten Speck fein würfeln und in der Margarine ausbraten, die Zwiebelwürfel hinzufügen und glasig werden lassen. Das Mehl einrühren, aufkochen lassen, Wasser hinzufügen, nochmals aufkochen lassen und mit Salz, Senf, Pfeffer und Zucker herzhaft abschmecken. Gekochte Eier in der Senfsauce kurz ziehen lassen.

Jeweils 4 Eihälften auf einen Teller geben, mit Senfsauce übergießen und Kartoffelpüree dazu reichen.

Omas Tip

Oft weiß man bei Eiern nicht, ob sie wirklich noch frisch sind. Hier schafft ein einfacher Trick Gewißheit: Alte Eier stellen sich unter Wasser aufrecht hin oder schwimmen gar obenauf, weil sich in ihnen eine Luftblase gebildet hat. Frische Eier aber bleiben flach am Boden liegen.

Camembert-Brotaufstrich

Zutaten *100 g gut gereifter Camembert*
1 TL Butter
1/2 Zwiebel, fein gewürfelt
Pfeffer und Salz nach Geschmack
1 Prise Kümmel
Schnittlauch zum Garnieren

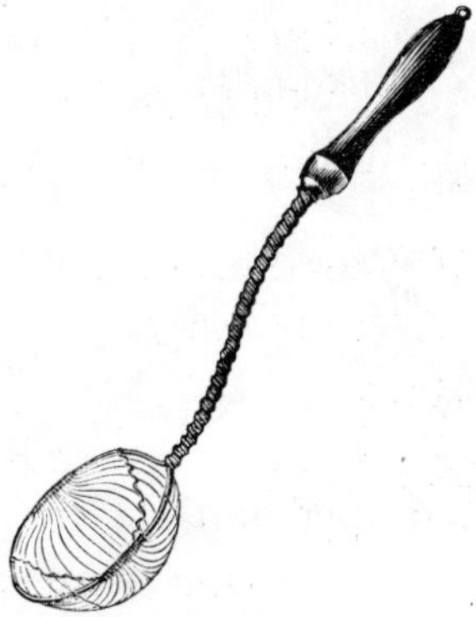

Zubereitung

Camembert mit der Gabel zerdrücken, die Butter, die kleingehackte Zwiebel und die Gewürze dazugeben. Dann alles gut vermischen. Schnittlauch in kleine Röllchen schneiden und als Garnitur über die Masse geben. Dazu paßt am besten frisches Schwarzbrot.

Omas Tip

Weichkäse nie im Kühlschrank aufbewahren, das verhindert den Reifungsprozeß! Am besten lagert man den Weichkäse in einer kühlen Vorratskammer oder gut verpackt auf dem Fensterbrett.

Soleier mit zwei Saucen

Früher gehörten Soleier zum Standardrepertoire rheinischer und Berliner Gastwirte. In großen Gläsern standen die Soleier auf der Theke und wurden von durstigen Zechern als preiswerte Bierhappen geschätzt.

Zutaten *20 Eier*
2 l Wasser
Salz
Pfeffer
Senf
Essig
Öl

Für die Kräutermayonnaise

4 EL Kräutermayonnaise
2 EL Joghurt
1 Zwiebel
1 Gewürzgurke
1 eingelegte grüne Peperoni
1 EL Kapern
2 EL gehackte Kräuter (Schnittlauch, Dill, Kresse, Petersilie)
Salz
Zucker
Pfeffer
1 Schuß Essig

Für den Apfelketchup

2 säuerliche Äpfel
6 EL Tomatenketchup
Salz
Zucker
Zitronensaft

Zubereitung

Die Eier hart kochen, die Schalen leicht anknicken. In 2 Liter Wasser nun soviel Salz geben, daß die Eier darin schwimmen. Mindestens 24 Stunden in der Sauce stehen lassen. Dann servieren.

Und so ißt man sie: Eier pellen, längs halbieren und Dotter herauslösen. Nacheinander Pfeffer, Senf, Essig, Öl und das Eigelb in das Eiweiß hineinschichten. Man kann die Gewürze, Öl und Essig auch mit dem Eigelb zu einer sämigen Masse verrühren und wieder in das Eiweiß füllen. Dazu schmeckt besonders Kräutermayonnaise oder Apfelketchup.

Für die Kräutermayonnaise rührt man Mayonnaise mit Joghurt glatt. Dann werden Zwiebel, Gurke und Peperoni gewürfelt. Mit Kapern und Kräutern unter die Mayonnaise mengen und mit den Gewürzen abschmecken.

Für den Apfelketchup werden die Äpfel gewaschen, geschält und grob geraspelt. Dann mit Tomatenketchup vermischen und mit den Gewürzen abschmecken.

Omas Tip

Frische Eier immer im Kühlschrank mit dem dicken Ende nach oben aufbewahren. Dann ist der Dotter genau in der Mitte und die Luft oben.

Außerdem sollten Eier grundsätzlich Zimmertemperatur haben, bevor sie verarbeitet werden. Dies gilt für Mayonnaise ebenso wie für gekochte Eier. Eiskalte Eier in heißem Wasser platzen schneller.

Strammer Max

Der Stramme Max stammt ursprünglich aus Berlin. Doch sein Siegeszug war nicht aufzuhalten, und so findet er sich heute auf nahezu jeder Speisekarte gutbürgerlicher Restaurants in der ganzen Republik.

Zutaten *1 Scheibe Bauernbrot pro Person*
Butter für die Brote und zum Braten der Eier
ca. 50 g roher, gewürfelter Schinken pro Person
2 Eier pro Person
Salz
Pfeffer aus der Mühle
Schnittlauch zum Garnieren

Zubereitung

Die Brote werden mit Butter bestrichen und mit dem gewürfelten Schinken belegt. Die restliche Butter in einer Pfanne erhitzen und darin 2 Eier pro Person braten. Die Eier mit Salz und Pfeffer würzen und auf die Schinkenbrote legen. Mit feingeschnittenem Schnittlauch garnieren, eventuell einige Gurken- und Tomatenstücke dazu reichen.

Omas Tip

Für Spiegeleier zuerst die Pfanne leicht erhitzen, dann die Butter hineingeben. Nun nicht zu heiß werden lassen, die Eier in die Pfanne geben und langsam braten.

Kapitel 2

Suppen und Eintöpfe

Petersiliensuppe

Die aus dem Mittelmeerraum stammende Petersilie ist das wohl bekannteste, beliebteste und vielleicht auch älteste Küchenkraut. Zudem ist sie reich an Vitaminen und Mineralien. In Deutschland hat sich vor allem die krause Schnittpetersilie als Universalgewürz für Salate, Suppen, Saucen, Eier-, Fisch- und Fleischgerichte durchgesetzt.

Zutaten

1 kleine Zwiebel
1/2 Bund Petersilie
40 g Butter
60 g Mehl
1 1/2 l Rinderbrühe
Salz
schwarzer Pfeffer
125 g saure Sahne

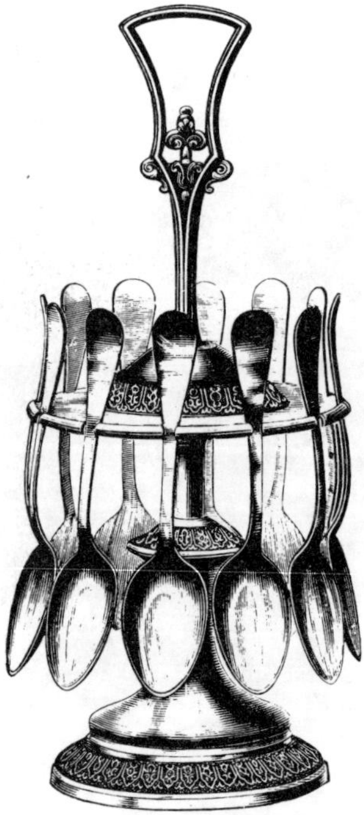

Zubereitung

Die Zwiebel fein würfeln, die Petersilie fein wiegen. In einem Topf die Butter erhitzen, Zwiebel und Petersilie hinzugeben. Nach kurzem Dünsten das Mehl darüber stäuben und kurze Zeit mitdünsten. Mit der Brühe ablöschen und ca. 20 Minuten kochen lassen. Mit Salz und Pfeffer abschmecken und in die nun nicht mehr kochende Suppe die saure Sahne geben, wodurch der Geschmack abgerundet wird.

Kerbelsuppe

Kerbel hat einen süß-aromatischen Geschmack, der an Fenchel erinnert. In Bayern mußte zu Großmutters Zeit immer Kerbel in die Gründonnerstagsuppe, um für das kommende Jahr Gesundheit und Wohlstand herbeizubeschwören. Man verwendet nur die frischen, jungen Blätter, mit denen man Kräutersuppen, Kräuterbutter, grüne Saucen, Eierspeisen, Lamm- und Fischgerichte würzt.

Zutaten

40 g Butter
1 kleine Zwiebel
1 Handvoll Kerbel
60 g Mehl
1 1/2 l Gemüsebrühe
Salz
1/2 Becher Sahne

Zubereitung

Im zerlassenen Fett die fein gehackte Zwiebel und den kleingeschnittenen Kerbel dämpfen. Das Mehl darüber streuen und kurz mit anschwitzen. Mit der Flüssigkeit ablöschen und die Suppe ca. 20 Minuten durchkochen lassen. Abschließend mit Sahne verfeinern.

Tomatensuppe

Die aus Mittel- bzw. Südamerika stammende Tomate war in Deutschland zuerst nur als Zierfrucht bekannt und wurde erstmals in der Mitte des 19. Jahrhunderts in der deutschen Küche verwendet. Die Früchte können auf vielerlei Art zubereitet werden: Man kann sie roh im Salat essen und zu Suppen verarbeiten. Für die Herstellung vieler Saucen ist die Tomate als Geschmacksträger fast unersetzlich.

Zutaten

40 g Butter
1 Zwiebel
60 g Mehl
je nach Größe 4–6 Tomaten (ca. 1/2 kg), gehäutet
1 1/2 l Gemüsebrühe
Salz
Pfeffer
1 Nelke
1/2 Lorbeerblatt

Zubereitung

In der zerlassenen Butter brät man erst die Zwiebel glasig, gibt das Mehl hinein und schwitzt es kurz mit. Die in Scheiben geschnittenen Tomaten dazugeben und mitdämpfen. So lange köcheln lassen, bis das Wasser fast verkocht ist. Mit der heißen Gemüsebrühe ablöschen, würzen und ca. 20 Minuten durchkochen lassen. Die fertige Suppe durch ein Sieb streichen und anrichten. Zum Schluß gibt man geröstete Brotwürfelchen, Eierstich oder gebackene Erbsen in die Suppe.

Omas Tip

Wenn die Tomatensuppe nicht kräftig genug schmeckt, nimmt man 3 Eßlöffel Tomatenmark, vermischt dies mit 1 Teelöffel Zucker und rührt es unter die Suppe.

Um Tomaten leicht zu enthäuten, ritzt man sie mit einem Messer kreuzweise ein und überbrüht sie mit heißem Wasser. Nach wenigen Minuten läßt sich die Haut leicht von der Frucht lösen.

Kartoffelsuppe von gekochten Kartoffeln

Die Kartoffelsuppe gehörte einstmals zu den klassischen »Sonnabend-Gerichten«. Wenn sie, wie beim vorliegenden Rezept, ohne Fleischeinlage zubereitet wurde, reichte man gerne geröstete Brotwürfel dazu.

Zutaten

30–40 g Butter
1 Zwiebel
1/2 kg gekochte, geriebene Kartoffeln
1/2 Bund Petersilie
1/2 Stange Lauch
40 g Mehl
1 1/2 l kräftige Fleischbrühe
Salz
Pfeffer
geröstete Brotwürfel

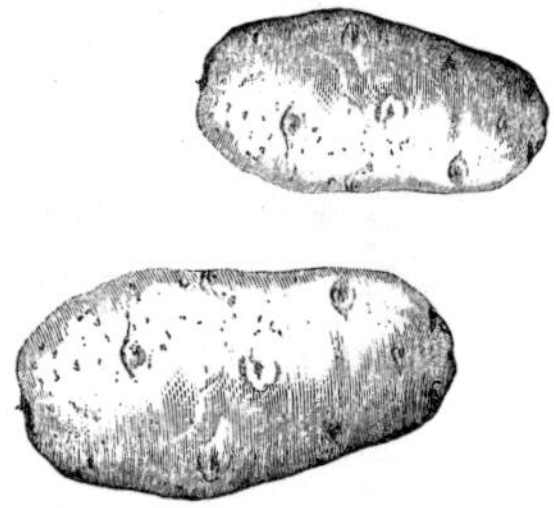

Zubereitung

In der zerlassenen Butter brät man zunächst die feingeschnittene Zwiebel, dann die geriebenen Kartoffeln, die feingewiegte Petersilie und den in feine Streifen geschnittenen Lauch. Dann wird das Ganze mit Mehl bestäubt, mit Fleischbrühe abgelöscht und gewürzt. Nach etwa 15–20 Minuten Kochzeit richtet man die Suppe mit den gerösteten Brotwürfeln an.

Omas Tip

Damit die Schwitze nicht klumpt, kann das Mehl mit etwas Brühe in einer Tasse aufgelöst und erst dann zur Suppe gegeben werden. Außerdem sollte man immer eine festkochende Kartoffelsorte nehmen, bei einer mehligen Sorte wird der Eintopf zu breiig.

Brotsuppe

Zu Omas Zeiten wäre keine Hausfrau auf die Idee gekommen, altes Brot wegzuwerfen, ließen sich daraus doch wunderbare Gerichte zubereiten – wie die hier vorgestellte Brotsuppe zeigt.

Zutaten *4 mittelgroße Kartoffeln*
2 mittelgroße Zwiebeln
Butter zum Braten
300 g altes Schwarzbrot (kann aber auch jedes andere alte Brot sein)
1 1/2 l Fleischbrühe
Salz und Pfeffer nach Geschmack
1 Bund Schnittlauch

Zubereitung

Die geschälten Kartoffeln in einem Topf mit Salzwasser garkochen, dann mit einem Stampfer zerdrücken. In einer Pfanne die gewürfelten Zwiebeln in Butter glasig braten. Brot sehr dünn aufschneiden und in Suppentellern mit der heißen Brühe übergießen, gestampfte Kartoffeln und Zwiebeln dazugeben, mit Salz und Pfeffer abschmecken, dann den Schnittlauch darüber streuen.

Omas Tip

Sollte die Suppe säuerlich schmecken, ist der Anteil am Sauerteigbrot zu hoch. Entweder darauf achten, oder zum Schluß mit etwas Zucker nachhelfen.

Buttermilch-Bohnensuppe

Buttermilch ist die Restflüssigkeit, die bei der Buttergewinnung anfällt. Da die Tätigkeit der Butterherstellung zu früherer Zeit meist direkt auf den Bauernhöfen vonstatten ging, ergab sich so eine Vielzahl interessanter Rezepte, die auf Buttermilch basieren, denn natürlich wurde ein solch wertvolles »Abfallprodukt«, reich an Vitaminen und vielen wertvollen Nährstoffen, in den Speiseplan miteinbezogen.

Zutaten

1 1/2 kg Kartoffeln
500 g Zwiebeln
1 kg grüne Bohnen (frisch oder tiefgefroren)
50 g Butter
50 g Mehl
2 Dosen weiße Bohnen
3 l Buttermilch
170 ml Kondensmilch (10 % Fettanteil)
1 Becher Sahne
Essig
Zucker
Salz
Pfeffer

Zubereitung

Geschälte Kartoffeln und Zwiebeln würfeln und mit den grünen Bohnen in Salzwasser kochen (das Gemüse muß mit Wasser bedeckt sein). Wasser abgießen und die Zutaten stampfen. Aus Butter und Mehl eine Schwitze herstellen. Die weißen Bohnen und das gestampfte Gemüse beifügen. Den Topf vom Herd nehmen. Becherweise die Buttermilch, Dosenmilch und die Sahne unterrühren. Mit Essig und reichlich Zucker die Suppe süß-sauer abschmekken. Eventuell mit Pfeffer oder Salz nachwürzen. Die Suppe schmeckt lauwarm am besten!

Omas Tip

Will man Buttermilch selbst herstellen, so geht das sehr einfach: Man fügt einem Liter normaler Vollmilch (keine Vorzugsmilch) etwa 3–4 Eßlöffel Buttermilch bei und stellt alles kalt.

Buttermilchsuppe

Zutaten *35 g Mehl*
1 1/4 l Buttermilch
1 Eigelb
35 g Zucker
Salz

Zubereitung

Das Mehl mit etwas Buttermilch verrühren und salzen. Das Eigelb mit dem Zucker verrühren. Alles mit der kochenden Buttermilch verrühren, etwas anziehen, aber nicht gerinnen lassen. Nach Belieben über Brotwürfeln anrichten. Kalt oder warm servieren.

Omas Tip

Übriggebliebene Suppe nur langsam erwärmen, aber nicht aufkochen! So schmeckt die Suppe am nächsten Tag noch besser.

Blutwurstsuppe

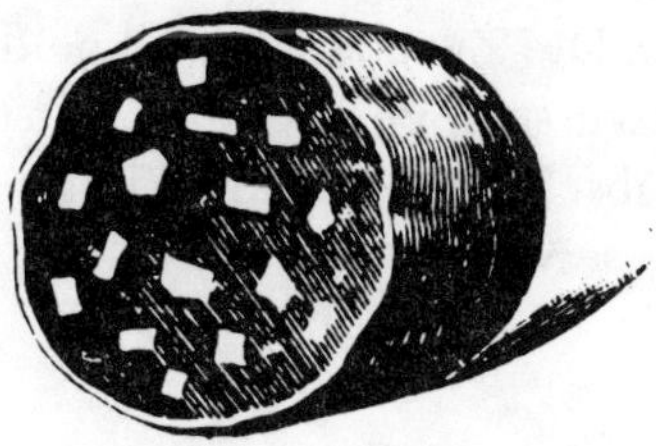

Bei Blutwurst handelt es sich um eine vornehmlich aus Schweineblut, Innereien und Speckwürfeln hergestellte Kochwurst, die mit Salz, Pfeffer, Majoran, Thymian und anderen Gewürzen abgeschmeckt wird. Es gibt bessere und einfache Blutwurstarten, je nach Zusammenstellung und Zubereitung. Die bekanntesten Blutwurstsorten sind die Berliner Fleischwurst, die Speckwurst, die rheinische Flöns und die Thüringer Rotwurst.

Zutaten

1 1/2 kg Kartoffeln, geschält
1 Bund Suppengrün
1 Zwiebel
1 Ring Blutwurst
etwas fetter Speck
1 kleine Zwiebel
Maggi-Würze
Salz
Pfeffer
Muskat

Zubereitung

Die Kartoffeln, das Suppengrün und die Zwiebel waschen und kleinschneiden. 2 Liter Wasser zum Kochen bringen und die Zutaten hineingeben. Die Suppe auf kleinster Stufe 20 Minuten kochen und alles leicht stampfen. Die Blutwurst abpellen und in Scheiben schneiden. Dann die Wurstscheiben in den Topf geben und weitere 10–15 Minuten köcheln lassen.

Die fetten Speckwürfel in einer Pfanne mit Margarine oder Schmalz langsam auslassen. Die Zwiebel kleinschneiden und mit dem Speck goldgelb dünsten. Die Blutwurstsuppe nochmals gut umrühren, mit etwas Maggi und den Gewürzen abschmecken und in Teller füllen. Zwiebel und Speck obenauf legen und heiß servieren.

Omas Tip

Blutwurst ist Vertrauenssache. Früher, zu Omas Zeiten, galt sie als eine echte Delikatesse nach dem Schlachten. Heute sollte man den Metzger, bei dem man die Wurst kauft, wirklich kennen.

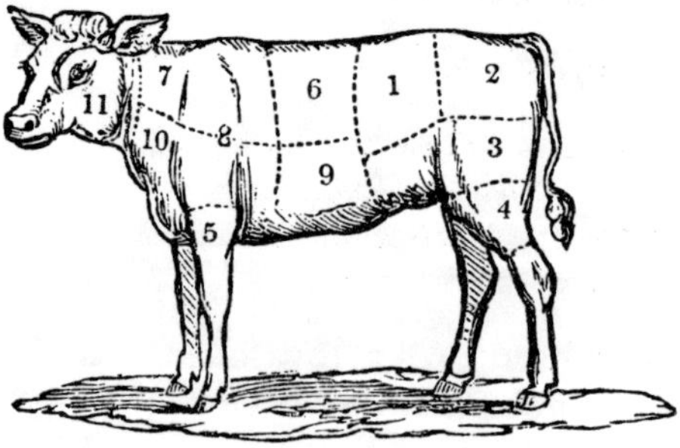

Kölner Zwiebelsuppe

Zutaten *4 große Zwiebeln*
750 g mehlige Kartoffeln
1 l Brühe
2 Scheiben Schwarzbrot
1/2 l Milch

Zubereitung

Die Zwiebeln in Ringe schneiden und vierteln. Die Kartoffeln schälen und kleinwürfeln. Beides in der Brühe kochen. Kurz bevor die Kartoffeln gar sind, das Schwarzbrot in Bröseln zugeben. Sobald die Kartoffeln gar sind, alles mit einem Kartoffelstampfer kurz stampfen. Aufkochen lassen und die Milch dazugeben. Erneut aufkochen lassen und mit Salz und Pfeffer würzen. Dazu schmecken am besten Reibekuchen frisch aus der Pfanne.

Omas Tip

Die Zwiebel muß immer mit einem scharfem Messer geschnitten werden. Maschinell werden sie eher zerdrückt als zerschnitten, und das macht Ihren Geschmack bitter.

Bismarck-Suppe

Der Legende nach zählte diese Suppe zu den Lieblingsspeisen des Reichskanzlers Otto von Bismarck. Man könnte sie auch schlicht und einfach »Selleriesuppe« nennen, aber auch das gehörte wohl zur Küche in Großmutters Zeit: Einfache Speisen wurden durch ihre wohlklingenden und oftmals an Berühmtheiten angelehnten Namen »geadelt«, und so zog auch bei kargen Mahlzeiten – zumindest was den Namen betraf – ein Hauch von Luxus durch die Küche.

Zutaten

1 Sellerieknolle
50 g Butter
125 g Schinkenspeck, gewürfelt
1,5 l Fleischbrühe
2 EL süße Sahne
2 EL Mehl
2 Eigelb
Salz
weißer Pfeffer
Petersilie

Zubereitung

Die Sellerieknolle schälen, waschen und in Scheiben schneiden. In einem ausreichend großen Topf die Butter zerlassen, den Schinkenspeck darin anbraten und anschließend die Selleriescheiben dazugeben. Etwa 10–15 Minuten bei milder Hitze dünsten, anschließend mit der Brühe auffüllen und nochmals etwa 45 Minuten kochen.

Die Suppe durch ein feines Sieb passieren und mit dem in der Sahne verrührten Mehl binden. Abschließend mit Eigelb legieren, wobei darauf zu achten ist, daß die Suppe nicht mehr kocht, da sonst das Eigelb gerinnt. Mit Pfeffer und Salz abschmecken und mit feingeschnittener Petersilie bestreuen.

Omas Tip

Ist die Suppe einmal versalzen, kann man sie sehr gut mit rohen Kartoffelstückchen oder mit einem getoasteten Weißbrot retten. In die Suppe gegeben, nehmen sie einen guten Teil des Salzes auf.

Rumford-Suppe

Sir Benjamin Thompson Rumford war für das Land Bayern ein äußerst wichtiger Mann. Im Jahre 1784 trat er in bayrische Dienste, führte dort die Kartoffel ein, organisierte das bayrische Armeewesen von Grund auf neu und gründete Armenhäuser. »Ganz nebenbei« legte er übrigens noch den Englischen Garten in München an. In den von ihm gegründeten Armenhäusern wurden auf seine Initiative hin die bedürftigen Menschen mit einer sehr nahrhaften und dazu schmackhaften Suppe versorgt, der später nach ihm benannten Rumford-Suppe.

Sie ist ein gutes Beispiel für ein sogenanntes »Armeleuteessen«: Knochen waren seit jeher preiswert beim Metzger zu bekommen, und das Gemüse und die Hülsenfrüchte stammten entweder aus dem eigenen Garten oder waren für ein paar Pfennige beim Händler um die Ecke zu bekommen. Die Kartoffeln sorgten für die nachhaltige Sättigung.

Zutaten

500 g Rinderknochen
2 Möhren
1 Stange Porree
150 g Sellerie
200 g durchwachsener Speck
3 EL Graupen
200 g gelbe Erbsen
400 g Kartoffeln
Salz
Pfeffer
Petersilie
3 Scheiben altbackenes Brot

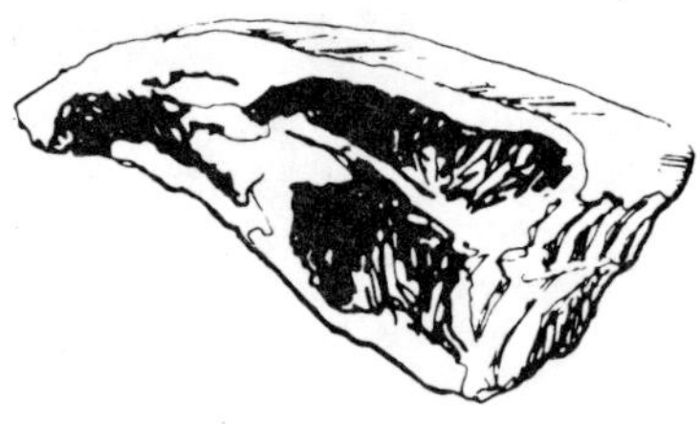

Zubereitung

Die gehackten Rinderknochen zusammen mit den in Scheiben geschnittenen Möhren, dem in Stücke geschnittenen Porree und dem gewürfelten Sellerie in ca. 2 Liter Wasser zu einer Brühe kochen. Diese durch ein Sieb gießen, entfetten und wieder erhitzen. Das Gemüse aufbewahren. Graupen und Erbsen in die Brühe geben und ziehen lassen.

In einem zweiten Topf die gewürfelten Kartoffeln in reichlich Salzwasser halb garkochen, zur Brühe geben und anschließend alles garen. Zum Schluß mit Salz und Pfeffer abschmecken und die feingeschnittene Petersilie dazugeben.

Das Brot in kleine Stücke würfeln und in einer trockenen Pfanne rösten. Die Suppe portionsweise auf Tellern servieren und die gerösteten Brotstücke darüber streuen.

Omas Tip

Es gibt mehrere Methoden der Entfettung. Entweder man legt nach dem Erkalten ein Küchenkrepp auf die Suppe, das sich voll Fett saugt, oder man läßt die Brühe über Nacht im Kühlschrank und kann dann das erkaltete Fett einfach abheben.

Kastaniensuppe

Die Eßkastanie stammt ursprünglich aus Kleinasien und wurde später rund um das Mittelmeer zu einer beliebten Ergänzung des Speiseplans. Seit der Zeit Karls des Großen ist die Kastanie auch in Mitteleuropa bekannt; sie wurde meist in Klostergärten angebaut. Damals ist sie auch in Deutschland zum beliebten Bestandteil einiger Rezepte geworden, wobei man sie am häufigsten natürlich als Maroni auf Jahrmärkten und bei Straßenverkäufern antrifft.

Zutaten *300 g Kastanien*
1/2 l Fleischbrühe
1 Becher Sahne
Salz
Pfeffer

Zubereitung

Die Kastanien mit einem scharfen Messer kreuzförmig einritzen und im Backofen so lange backen, bis die Schalen aufspringen. Die Kastanien herausschälen, vierteln und in der heißen Fleischbrühe kochen, bis man sie stampfen kann. Im Mixer geht das natürlich besser. Dann soviel Sahne zufügen, bis die Suppe eine gute Konsistenz hat. Mit Salz und Pfeffer abschmecken.

Omas Tip

Kastanien gab es zu Omas Zeit nur einige Wochen im Herbst. Heute gibt es gute Qualitäten das ganze Jahr über auch schon geschält. Wenn man die Suppe jedoch nur im Herbst ißt, ist die Freude darauf viel größer.

Erbseneintopf

Über Jahrhunderte diente die Erbsensuppe – in Köln wird sie liebevoll die »Mutter der Suppen« genannt – den preußischen Soldaten als Hauptmahlzeit. Eigentlich ist die Erbsensuppe in der Mark Brandenburg beheimatet, mittlerweile ist sie aber aus fast allen regionalen Küchen in Deutschland nicht mehr wegzudenken.

Zutaten

200 g getrocknete grüne Erbsen
1 Stange Lauch
1 Möhre
1 Zwiebel
1 Stück Sellerie
300 g durchwachsener Speck
200 g Kartoffeln
1 1/2 l Brühe
1 Messerspitze Pfeffer
1 TL Majoran
400 g Blutwurst

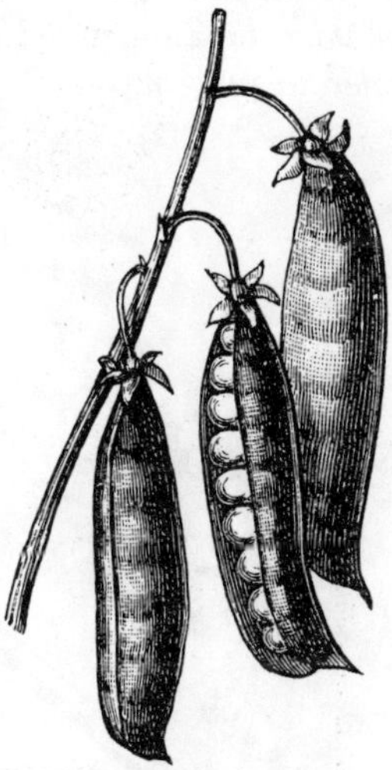

Zubereitung

Die Erbsen am Vorabend einweichen. Das Gemüse putzen und kleinschneiden. Den Speck und die geschälten Kartoffeln würfeln. Dann die Erbsen in die Brühe geben und ca. 45 Minuten kochen lassen. Anschließend alle Zutaten bis auf Speck und Zwiebel hineingeben und nochmals 10 Minuten kochen lassen, mit Pfeffer und Majoran abschmecken. In der Zwischenzeit den Speck auslassen, die Zwiebel kurz andünsten und zur Suppe geben. Dazu reicht man kalte oder heiß in Butter gebratene Blutwurst. Als Variante können Sie die Blutwurst in die Suppe schneiden.

Omas Tip

Man sollte darauf achten, daß die Gemüsestücke beim Eintopf in etwa gleich groß sind, um letztlich den gleichen Gargrad zu erhalten, oder die Zutaten entsprechend nacheinander hinzufügen.

Pichelsteiner Eintopf

Der Pichelsteiner Eintopf, dessen kulinarische Heimat vermutlich das bayrische Büchelstein ist, erfreut sich heute in ganz Deutschland großer Beliebtheit. Wenn man ihn nach dem hier vorgestellten Rezept mit den drei verschiedenen Sorten Fleisch zubereitet, wird er zur echten Delikatesse, die nichts mehr mit dem gemein hat, was einem heute in vielen Supermärkten unter dem Begriff »Pichelsteiner Eintopf« in Konserven angeboten wird.

Zutaten

200 g Rindfleisch
200 g Kalbfleisch
200 g Schweinefleisch
30 g Butterschmalz
1 Stange Lauch
350 g gelbe Rüben
750 g Kartoffeln
Petersilie
Petersilienwurzeln
1 Zwiebel
1 1/2 l Fleischbrühe
Salz
Pfeffer

Zubereitung

Zum Pichelsteiner nimmt man gut abgehangenes Rindfleisch, Kalb- und Schweinefleisch. Das Fleisch in Würfel schneiden und in Schmalz anbraten. Den Lauch, die Rüben, die Kartoffeln und die Petersilie sowie die Petersilienwurzel waschen, klein schneiden und hinzufügen. Die Zwiebel hacken und ebenfalls dazugeben. Mit Brühe auffüllen und nach Bedarf würzen. Den Fleisch-Gemüse-Topf dämpfen, bis alles gar ist.

Omas Tip

Möchte man den Pichelsteiner Eintopf verfeinern, schneidet man Rindermark in feine Streifen, legt dieses auf das Gemüse und kocht es mit. Man kann das Rindermark aber auch mit den Zwiebeln anbraten und dann zum Gemüse geben.

Knoblauchsuppe

Zutaten *4 Scheiben altes Schwarzbrot mit Rinde (ca. 250 g)*
80 g fetter geräucherter Speck
4 Knoblauchzehen
1 1/2 l Brühe
Salz nach Geschmack

Zubereitung

Das Schwarzbrot in schmale Streifen von ca. 2 cm Länge schneiden, den Speck würfeln. Den Knoblauch schälen und durch die Presse in eine Schüssel geben, in der sich etwas Salz befindet. Salz und Knoblauch mit einer Gabel vermischen. Das geschnittene Brot darauf verteilen.

Die Brühe zum Kochen bringen und den Speck in einer kleinen Pfanne auslassen. Nun zuerst die kochende Brühe, dann den ausgelassenen Speck über Brot und Knoblauch gießen und nach Geschmack salzen.

Omas Tip

Frischen Knoblauch gibt es vom Sommer bis Anfang Herbst. Sehr gut aufbewahren kann man Knoblauch, indem ihn frisch schält und die Zehen in Einmachgläsern mit Öl übergießt. So hat man erstens immer frischen Knoblauch, und außerdem leckeres Öl. Die Gläser kühl und dunkel aufbewahren.

Laugenbrezelsuppe

Laugenbrezeln sind eine süddeutsche Spezialität. Hergestellt werden sie aus Hefeteig. Vor dem Backen werden die Laugenbrezeln noch in Natron getaucht und dann mit Salz bestreut. »Ruck zuck a schnelle Suppn« heißt es in Bayern – und wirklich: Keine 20 Minuten braucht die Zubereitung dieser sehr schmackhaften und sättigenden Suppe!

Zutaten
2 alte Brezeln (vom Vortag)
200 g Butterschmalz
150 g Zwiebel, feingewürfelt
2 Knoblauchzehen
1 l Fleischbrühe
2 Eier
Salz
Pfeffer aus der Mühle
frischer Liebstöckel zum Garnieren
Schnittlauch zum Garnieren

Zubereitung

Die Brezeln in dünne Scheiben schneiden und mit dem Butterschmalz bei kleiner Flamme braun anrösten. Danach die Zwiebelwürfel dazugeben und glasig werden lassen. Die Knoblauchzehen dazupressen und gleich mit der Fleischbrühe aufgießen. Anschließend werden die Eier mit einer Gabel verrührt und dazugegeben. Man läßt die Suppe kurz aufkochen, damit das Ei stockt. Mit Salz und Pfeffer abschmecken und mit frischem Liebstöckel und Schnittlauch garnieren.

Omas Tip

Knoblauchgeruch an den Händen kann mit Zitronenwasser entfernt werden oder auch mit Kaffeesatz.

Biersuppe

Zu Omas Zeiten schickten die Väter abends ihre Kinder ins Brauhaus, um frisches Bier vom Faß im Siphon zu holen, der in allen Haushalten vorhanden war. Der Siphon war ein großes Steingut- oder Glasgefäß mit Henkel und Porzellanverschluß, in den sich bis zu 5 Liter Bier einfüllen ließen.

Mit dem Rest des Biers, das am Abend nicht mehr den Weg in Papas Kehle gefunden hatte und deshalb schal geworden war, zauberte man dann eben eine Biersuppe – von der auch die Kinder kosten durften.

Zutaten
1 l dunkles Bier
40 g Zucker
1 TL abgeriebene Zitronenschale
Salz
40 g Butter
20 g Mehl
1/4 l Sahne

Zubereitung

Das Bier zum Kochen bringen und den Zucker, die abgeriebene Zitronenschale und das Salz dazugeben. Aus Butter und Mehl eine Schwitze herstellen und diese unter kräftigem Rühren mit dem heißen Bier aufgießen. Zum Schluß die Sahne zugeben und sofort servieren.

Omas Tip

Man sollte möglichst immer untergäriges Bier wie z. B. Pils, Export oder Bockbier verwenden. Die übrigen Biersorten verändern den Geschmack der Suppe zu sehr.

Leberspätzlesuppe

Die Oma im Schwäbischen beherrschte es wirklich noch, das Spätzleschaben. Man braucht das richtige, vorn spitz zulaufende Spätzlebrett und eine scharfe Palette, die immer wieder in heißes Wasser getaucht wird. Heute gibt es natürlich Hilfsmittel – mit oder ohne Motor –, aber mit etwas Übung macht das Schaben von Hand natürlich mehr Spaß.

Zutaten *150 g Rinderleber*
1 Bund Petersilie
1 kleine Zwiebel
20 g Butter
2 Eier
Salz, Pfeffer
1 l kräftige Fleischbrühe

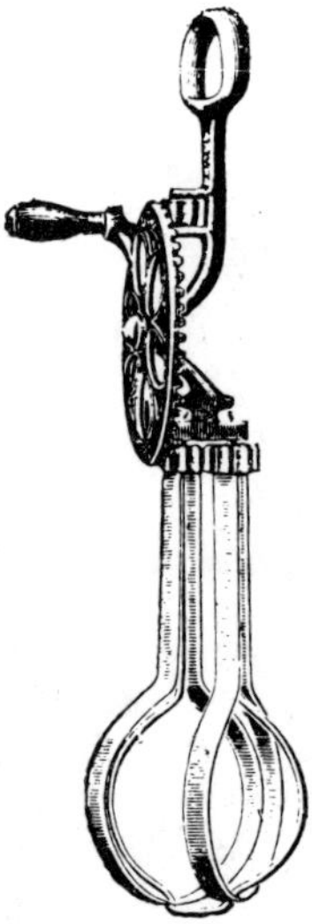

Zubereitung

Rinderleber, Petersilie und die Zwiebel durch den Fleischwolf drehen. Die Butter in einem Topf erwärmen, schaumig schlagen und mit den Eiern, Pfeffer und Salz mischen. Jetzt die Fleischbrühe zum Kochen bringen und die Leberspätzlemasse auf ein Holzbrett streichen. Hiervon dann mit Hilfe einer Palette dünne Spätzle in die Suppe schaben. Wenn die Spätzle nach oben steigen, sind sie gar. Zum Schluß die Ei-Butter-Masse neben der Herdplatte in die Suppe einrühren. Die Suppe darf nun nicht mehr kochen.

Sauerampfersuppe

Früher, als die Wiesen, auf denen das Vieh weidete, noch nicht mit Schädlingsbekämpfungsmitteln vom »Unkraut« befreit wurden, brauchte man nach Sauerampfer nicht lange zu suchen. Zwischen Klee, Huflattich, Löwenzahn und Gräsern fand man ihn und brauchte nichts weiter zu tun, als ihn abzuschneiden und mit nach Hause zu nehmen, um daraus einen schmackhaften Salat oder eben eine Sauerampfersuppe zuzubereiten. Seit einiger Zeit findet man Sauerampfer auch wieder in gut sortierten Lebensmittelläden oder auf Wochenmärkten. Aber auch an Wiesenrändern macht sich wieder eine vielfältige Flora bemerkbar. Machen Sie sich die Mühe und suchen Sie ihn, es lohnt sich!

Zutaten

125 g Sauerampfer
20 g Butter
20 g Mehl
1 l Gemüsebrühe
1/8 l saure Sahne
Salz
Pfeffer aus der Mühle

Zubereitung

Den Sauerampfer waschen und entstielen. In einem Topf die Butter erhitzen und mit dem Mehl eine helle Schwitze zubereiten. Den Sauerampfer dazugeben und ca. 5 Minuten dünsten. Mit der Brühe aufgießen und das Ganze gut durchkochen lassen. Abschließend die saure Sahne unterziehen und mit Pfeffer und Salz abschmecken. Übrigens: Sauerampfer sollte man niemals mit Essig in Verbindung bringen.

Saure Linsen

Zutaten

250 g Linsen
1 l Fleischbrühe
1 Zwiebel, mit 10 Nelken gespickt
1 Lorbeerblatt
100 g magerer Speck
1 kleine Zwiebel
20 g Butter
20 g Mehl
Weinessig nach Geschmack
Salz und Pfeffer nach Geschmack
Suppengewürz
Liebstöckel
4 Paar Pfälzer Würstchen, in Scheiben geschnitten

Zubereitung

Die Linsen mehrere Stunden in Wasser einweichen. In einen Seiher abgießen und in der Fleischbrühe zusammen mit der gespickten Zwiebel und dem Lorbeerblatt weichkochen.

Den Speck und die Zwiebel fein würfeln und zusammen anbraten. Danach zu den Linsen geben und alles zusammen aufkochen lassen. Aus Butter und Mehl eine Schwitze herstellen, damit den Gemüseeintopf andicken und mit Essig, Salz, Pfeffer, dem Suppengewürz und dem Liebstöckel abschmecken. Zum Schluß gibt man die Pfälzer hinzu, läßt nochmals 5 Minuten alles zusammen kochen und serviert den heißen Eintopf.

Dazu passen am besten Salzkartoffeln.

Eierstich

Zutaten *2 Eier*
6–8 EL Milch
Salz
Muskat
3 EL Fleischbrühe
Schnittlauch

Zubereitung

Man zerquirlt die angegebenen Zutaten, füllt die Masse in eine gefettete Tasse oder in ein gefettetes Förmchen und läßt sie abgedeckt im Wasserbad auf kleiner Flamme langsam fest werden. Die feste Masse stürzen, in Würfel schneiden und mit zur Suppe geben.

Brotwürfel

Die Franzosen haben ihren »Croutons« immer die Treue gehalten, und das aus gutem Grund: Eine preiswertere und schmackhaftere Verwendung für altes Brot gibt es einfach nicht, was Oma übrigens auch sehr genau wußte. So wurden gebundene Suppen früher immer sehr gerne mit gerösteten Brotstücken serviert, was vor allem in Kriegs- und Notzeiten das Fehlen von Fleisch nicht so schmerzlich und die Gerichte sättigender machte.

Zutaten *altbackenes Brot*
Butter oder Öl

Zubereitung

Das Brot in Würfel schneiden. Das Fett in einer gußeisernen Pfanne heiß werden lassen und die Brotwürfel unter häufigem Schütteln goldgelb backen.

Omas Tip

Fettärmer geht die Zubereitung im heißen Backofen vonstatten, oder man toastet einfach die ganze Brotscheibe und schneidet sie anschließend in Stücke.

Kapitel 3

Gemüse

Gemüsekalender

Heute bekommt man in den Supermärkten und Lebensmittelabteilungen der Kaufhäuser nahezu jedes Gemüse zu jeder Jahreszeit. Doch oftmals handelt es sich dabei um Ware, die bereits einen Weg um den halben Erdball hinter sich hat, was ökologisch sicher bedenklich ist.

Wer die Möglichkeit hat, sollte frisches Gemüse aus der Umgebung kaufen, am besten bei einem Händler seines Vertrauens auf dem Wochenmarkt. Denn wer sein Gemüse entsprechend der Saison kauft, kann ziemlich sicher sein, daß er frische und schmackhafte Ware bekommt.

Januar bis Februar

Chicorée, Feldsalat, Grünkohl, Porree, Rosenkohl, Rote Beete, Rotkohl, Schwarzwurzeln, Wirsing

März bis April

Artischocken, Blumenkohl, Chicorée, Frühlingszwiebeln, Radieschen, Rettich, Spargel, Spinat

Mai bis Juni

Blumenkohl, dicke und grüne Bohnen, Eisbergsalat, Erbsen, Frühlingszwiebeln, Kartoffeln, Kohlrabi, Kopfsalat, Möhren, Paprikaschoten, Porree, Radieschen, Rettich, Sellerie, Spargel, Spinat, Spitzkohl, Tomaten, Wirsing, Zuckererbsen

Juli bis August

Blumenkohl, dicke und grüne Bohnen, Broccoli, Eisbergsalat, Erbsen, Fenchel, Frühlingszwiebeln, Gurken, Kartoffeln, Kohlrabi, Kopfsalat, Mais, Möhren, Paprikaschoten, Porree, Radieschen, Rettich, Sellerie, Spinat, Tomaten, Waldpilze, Weißkohl, Wirsing, Zwiebeln

September bis Oktober

Blumenkohl, dicke und grüne Bohnen, Broccoli, Chicorée, Chinakohl, Eisbergsalat, Feldsalat, Fenchel, Frühlingszwiebeln, Gurken, Kartoffeln, Kohlrabi, Kopfsalat, Kürbis, Mais, Meerrettich, Möhren, Paprikaschoten, Porree, Rosenkohl, Rote Beete, Rotkohl, Sellerie, Spinat, Tomaten, Waldpilze, Weißkohl, Wirsing, Zwiebeln

November bis Dezember

Blumenkohl, Chicorée, Chinakohl, Feldsalat, Fenchel, Frühlingszwiebeln, Grünkohl, Meerrettich, Paprikaschoten, Porree, Rosenkohl, Rote Beete, Rotkohl, Schwarzwurzeln, Sellerie, Weißkohl, Wirsing

Gefüllter Sellerie

»Sellerie verheißt ewige Jugend«, so heißt es im Volksmund schon seit jeher. Und wirklich: Sein hoher Anteil an mineralischen Salzen und Vitaminen macht ihn zu einem ganz besonders gesunden Genuß. In Omas Küche fand vor allem der Knollensellerie, der schon sehr früh in deutschen Gemüsegärten gezogen wurde, Eingang in viele schmackhafte Rezepte.

Zutaten

8 kleine Sellerieknollen
Butterschmalz
1/4 l Fleischbrühe
etwas saure Sahne

Zutaten für die Füllung

250 g Hackfleisch
1 Brötchen
1 Ei
1 Zwiebel
Petersilie
Salz
Pfeffer
Muskat

Zubereitung

Die rohen Sellerieknollen schälen, in wenig Salzwasser halbweich kochen und dann vorsichtig aushöhlen. Für die Füllung das Brötchen in lauwarmem Wasser einweichen und gut ausdrücken. Das Hackfleisch mit dem Brötchen, dem Ei, der feingeschnittenen Zwiebel und der Petersilie sowie den Gewürzen vermischen.

Die Hackfleischmasse vorsichtig in die ausgehöhlten Sellerieknollen füllen. In einer Bratkasserolle Fett zerlassen, die gefüllten Sellerieknollen hineinsetzen und kurz andünsten. Mit der Fleischbrühe auffüllen und gar dünsten. Kurz vor dem Anrichten der Sauce noch etwas saure Sahne beigeben. Dazu reicht man Kartoffeln.

Omas Tip

Welk gewordener Sellerie wird wieder frisch, wenn man die Knolle in kaltes Wasser legt und einige rohe Kartoffelschnitze zufügt. Die besten Monate für Sellerie sind September bis Dezember.

Gefüllte Tomaten

Die Tomate kommt – wie auch alle anderen Nachtschattengewächse (Kartoffel, Tabak, Paprika) – aus Mittel- und Südamerika und wurde von den spanischen Eroberern nach Europa gebracht, wo sie lange Zeit nur als Zierpflanze in vornehmen Gärten angebaut wurde.

Gegen 1850 fand sie ihren Weg in die europäischen Kochtöpfe und wurde bald zu einem unentbehrlichen Gemüse in der deutschen Küche.

Zutaten *12 Fleischtomaten*
40 g Butter
1/4 l Fleischbrühe
etwas saure Sahne

Zutaten für die Fleischfüllung

250 g Hackfleisch
1 Brötchen
1 Ei
1 Zwiebel
Petersilie
Salz
Pfeffer
Muskat

Zubereitung

Das Brötchen in lauwarmem Wasser einweichen und anschließend gut ausdrücken. Das Hackfleisch mit dem Brötchen, dem Ei, der feingeschnittenen Zwiebel, der Petersilie und den Gewürzen vermischen.

Die Tomaten oben glatt abschneiden und das Innere aushöhlen. Die Tomaten innen salzen und die Hackfleischmasse vorsichtig in die ausgehöhlten Tomaten füllen. In einer Bratkasserolle Fett auslassen, die gefüllten Tomaten hineinsetzen und kurz andünsten. Mit Fleischbrühe auffüllen und bei geschlossenem Topf gar dünsten. Kurz vor dem Anrichten etwas saure Sahne der Sauce beigießen und mit Kartoffeln oder Reis servieren.

Omas Tip

Tomaten sollten an einem kühlen, aber nicht zu kalten Ort aufbewahrt werden. Keinesfalls im Kühlschrank, denn sie sind sehr empfindlich gegen Kälte und verlieren schnell ihr Aroma.

Gefüllte Gurken

Zutaten *4 mittelgroße frische Gurken*
40 g Butter
1/4 l Fleischbrühe
etwas saure Sahne

Zutaten für die Fleischfüllung

250 g Hackfleisch
1 Brötchen vom Vortag
1 Ei
1 Zwiebel
Salz
Pfeffer
Muskat
Petersilie

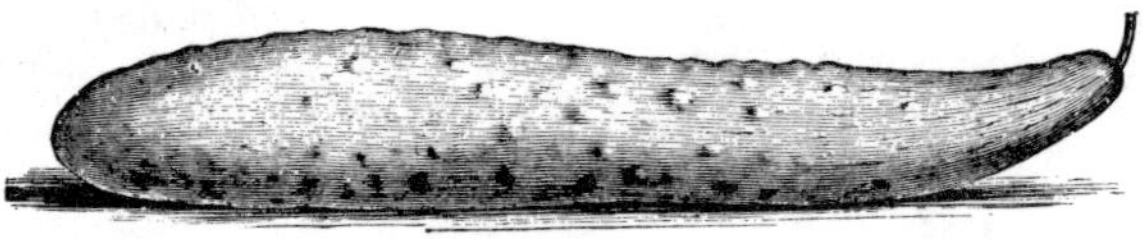

Zubereitung

Die Gurken schälen, der Länge nach halbieren und aushöhlen. Für die Fleischfüllung das Brötchen in lauwarmem Wasser einweichen und gut ausdrücken. Das Hackfleisch mit dem ausgedrückten Brötchen, dem Ei, den feingeschnittenen Zwiebeln und der Petersilie sowie den Gewürzen gut mischen.

Die Gurken mit der Hackfleischmasse füllen. In einer Bratkasserolle Fett auslassen und die gefüllten Gurken nebeneinander hineinsetzen und kurz andünsten. Mit etwas Brühe auffüllen und im Backofen gar dünsten. Mit Sahne abschmecken. Dazu reicht man Kartoffeln.

Omas Tip

Auf die gleiche Weise können auch Auberginen und Zucchini verarbeitet werden. Die »Gefüllten Gurken« können Sie auch mit Gemüsesalat oder Fleischsalat füllen.

Krautauflauf

Von diesem Krautauflauf wurden zu Omas Zeiten gerne riesige Portionen zubereitet, weil er sich so schön aufwärmen ließ und dadurch oft über mehrere Tage hinweg verzehrt werden konnte. Sein Geschmack soll sich dabei, wie Zeitzeugen berichten, von Mal zu Mal verbessert haben.

Zutaten

1 großer Weißkohl
1 Zwiebel
1 Brötchen
250 g Hackfleisch
1 Ei
Salz
Pfeffer
etwas Butter

Zubereitung

Die äußeren Blätter vom Krautkopf entfernen, die anderen vorsichtig lösen und die Blattrippen etwas flach schneiden. Die Blätter in wenig Salzwasser einige Male aufkochen. Die inneren Blätter auch weichkochen oder grob schneiden und mit feingeschnittener Zwiebel in Fett dünsten. Das Brötchen einweichen und gut ausdrücken und mit der Hackfleischmasse und dem Ei mischen und abschmecken. In einer gefetteten Auflaufform die Kohlblätter auslegen, die Fullmasse daraufgeben und mit den Blättern wieder schließen. Den Krautauflauf mit Butterflöckchen belegen und etwa 1 Stunde im Backofen garen.

Omas Tip

Hackfleisch immer frisch und unverpackt kaufen. Aufpassen, daß es nicht »grau«, d. h. alt ist. Am besten man stellt das Hackfleisch selbst mit dem Fleischwolf her.

Gefüllte Paprikaschoten

Paprikaschoten, deren Heimat das tropische Amerika und die Westindischen Inseln sind, gibt es in vielen Farben und Formen. Die Gemüsepaprika sind milder im Geschmack und werden roh oder gekocht gegessen. Die Farben der Schoten sind abhängig von der Reife. Die grünen Schoten sind nicht ausgereift und schmecken leicht bitter. Die gelben befinden sich in einem Zwischenstadium zwischen Grün und Rot. Sie schmecken süßlich und eignen sich zum Frischverzehr. Die roten Paprikaschoten schmecken am fruchtigsten, aromatischsten und sind am vitaminreichsten.

Zutaten *6 grüne Paprikaschoten*
1 Gemüsezwiebel
250 g Hackfleisch
1 Brötchen
1 Ei
1 Knoblauchzehe
Salz, Pfeffer, Oregano
1 TL Tomatenmark
Olivenöl

Zubereitung

4 Paprikaschoten aushöhlen. Die beiden anderen in feine Streifen schneiden. Die Gemüsezwiebel in kleine Ringe schneiden und den Knoblauch fein hacken. Das Brötchen in lauwarmem Wasser einweichen und anschließend gründlich ausdrücken. Mit dem Hackfleisch, dem Ei, dem Tomatenmark und den Gewürzen gut vermengen und in die ausgehöhlten Schoten füllen. Das Olivenöl in eine Kasserolle gießen. Die restlichen Paprikastreifen, Knoblauch und Zwiebeln dazu mischen und die gefüllten Schoten daraufsetzen. Bei 200 °C im Backofen garen. In das Gemüsebett kann man auch sehr gut noch zwei gewürfelte Tomaten geben. Dazu schmeckt Reis am besten.

Omas Tip

Paprika sollte man nie abgepackt kaufen. Die Schoten müssen fest sein und dürfen keine Druckstellen oder schrumpelige Haut aufweisen.

Spinat

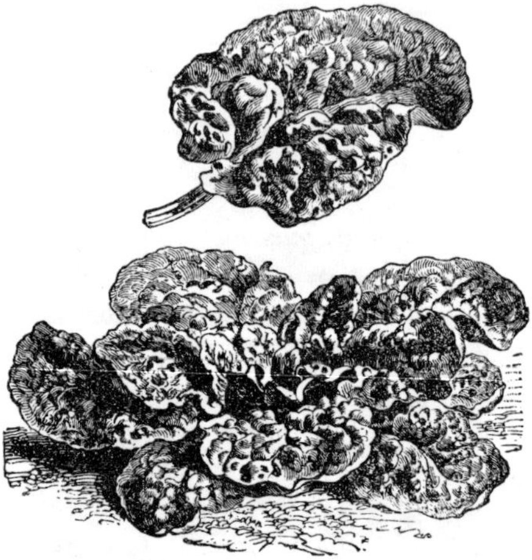

»Iß Kind, Spinat ist so gesund!« Generationen von Kindern wurden in dem Glauben an den exorbitant hohen Eisengehalt von Spinat mit diesem geradezu überfüttert. Leider stellte man schon in den fünfziger Jahren fest, daß der hohe Eisengehalt das Resultat eines Kommafehlers in einem amerikanischen Lebensmittellabor war. Gleichwohl ist die Legende vom hohen Eisengehalt unausrottbar. Was aber stimmt, ist, daß Spinat sehr reich an Vitamin C, Carotin und Mineralstoffen ist.

Zutaten
1 kg Spinat
40 g Butter
1/2 Zwiebel
30–40 g Mehl
Gemüsebrühe oder etwas Milch

Zubereitung

Den Spinat putzen, gut waschen und im Abtropfwasser weichdämpfen, den kleingeschnittenen Spinat anschließend in Fett und Zwiebeln dünsten. Mit Mehl bestäuben, mit Gemüsebrühe ablöschen und salzen.

Omas Tip

Etwas Milch oder süße Sahne macht den Spinat zarter und besser im Geschmack. Spinat darf, wenn er grün bleiben soll, nicht abgedeckt werden.

Blattspinat schmeckt vorzüglich auch roh als Salat. Einen herzhaften Geschmack erhält er, wenn man den Salat mit einer Speckschwitze anmacht oder statt einer Mehlschwitze in Butter angeröstete Weißbrotwürfel zum Andicken nimmt.

Mangold

Mangold ist im Grunde nichts anderes als eine Zuchtform der gemeinen Runkelrübe. Es gibt zwei verschiedene Mangoldarten: den Blatt- bzw. Schnittmangold, der ähnlich wie Spinat zubereitet wird, und den Stielmangold, den man am besten wie Spargel verwendet und der auch heute noch als »Spargel des kleinen Mannes« bezeichnet wird. Für dieses Rezept brauchen Sie Mangoldblätter.

Zutaten

1 kg Mangold
40 g Butter
1/2 Zwiebel
30 g Mehl
Sahne zum Ablöschen
Salz
weißer Pfeffer

Zubereitung

Den Mangold putzen, von den Stielen befreien, waschen und grob schneiden. In einem Topf Butter auslassen, die gewürfelte Zwiebel glasig dünsten, das Mehl dazugeben und hell anschwitzen lassen. Das Gemüse anschließend darin dünsten und mit Sahne ablöschen. Mit Salz und Pfeffer abschmecken.

Omas Tip

Durch das Zufügen von Sahne wird der Geschmack von Mangold deutlich milder.

Stielgemüse

Zutaten *1 kg Mangoldstiele*
30 g Butter
1/2 Zwiebel
30 g Mehl
Gemüsebrühe
Salz
etwas Sahne

Zubereitung

Mangoldstiele dünn schälen (Haut abziehen), in gleichmäßige Stifte schneiden und in Salzwasser kochen. In einen Topf Butter auslassen und mit der feingeschnittenen Zwiebel und Mehl hell anschwitzen, mit Gemüsebrühe ablöschen und durchkochen lassen. Die Stiele kurz mitkochen und vor dem Anrichten mit Salz abschmecken und mit Sahne verfeinern.

Omas Tip

Die Mangoldstiele müssen beim Einkauf fest und ohne Flecken sein. Dabei ist es nicht wichtig, ob die Stiele rot oder weiß sind.

Gurkengemüse

Zutaten *500 g Gurke*
1 kleine Zwiebel
2 Tomaten
30 g Butter
1 rohe Kartoffel zum Binden
1 Prise brauner Zucker
Salz
1/2 TL Thymian
1/2 TL Estragon
eventuell 1 Schuß Essig

Zubereitung

Die geschälte und entkernte Gurke würfeln und mit der kleingeschnitten Zwiebel und den Tomaten in Fett dünsten, bis alles weich ist. Mit der geriebenen rohen Kartoffel binden und mit braunem Zucker, Salz, Kräutern und Essig abschmecken.

Omas Tip

Dieses Gericht schmeckt in den Monaten Juli und August, wenn es frische Gurken aus dem Garten oder vom Feld gibt, ganz besonders gut. Die frischen Gurken sollten dann nicht geschält werden.

Teltower Rübchen

Die berühmten Rübchen aus Teltow, kleine weiße Rüben, gedeihen in den kargen Sandböden bei Teltow ganz vorzüglich. Dem Geheimrat Johann Wolfgang von Goethe wuchsen sie bei seinem einzigen Berlin-Besuch so sehr ans Herz, daß er sie zu seiner Lieblingsspeise erkor und sich regelmäßig eine Sendung nach Weimar schicken ließ.

Zutaten

600 g Teltower Rübchen
2 EL Butter
1 EL Zucker
1/4 l Brühe
Pfeffer
Zitrone
3 EL Petersilie

Zubereitung

Die Rübchen schälen und waschen. Butter und Zucker im Topf karamelisieren lassen. Die rohen Rübchen dazugeben und bei kleinster Flamme so lange hin und her schütteln, bis alle Rübchen mit dem Karamel überzogen sind. Jetzt die heiße Brühe dazugießen und Deckel aufsetzen. Etwa 30–40 Minuten köcheln lassen. Zum Schluß nach Belieben mit etwas Zitronensaft abschmecken und mit feingewiegter Petersilie überstreuen.

Omas Tip

Diese Art des Karamelisierens schmeckt auch vorzüglich mit jungen Möhrchen.

Schwarzwurzeln

Schwarzwurzeln gelten als Spargel des Winters. Sie sind kräftiger im Geschmack und nahrhafter als Spargel, sind aber vor allem wegen des vielen Abfalls, der bei ihrer Zubereitung entsteht, bei vielen Köchen in Ungnade gefallen. Dabei sind sie eine echte Delikatesse, wie dieses Rezept beweist.

Zutaten *1 kg Schwarzwurzeln*
etwas Essig
40 g Mehl
40 g Butter
1/8 l Gemüsebrühe
125 g frischer Quark
1 hartgekochtes Eigelb
2 EL gehackte Kräuter (Petersilie, Schnittlauch, Kerbel, Estragon)
Salz
1 Prise Zucker

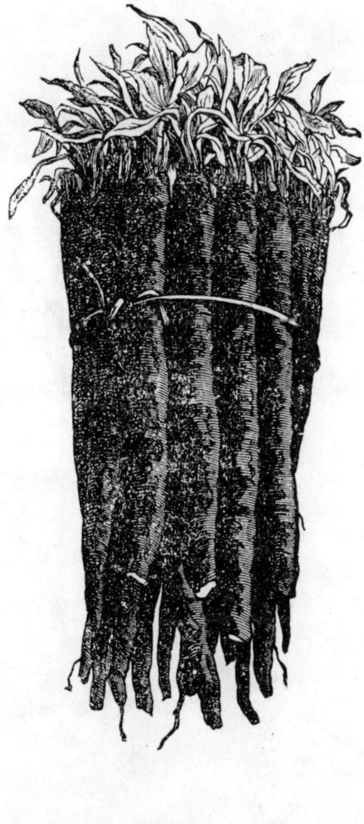

Zubereitung

Die Schwarzwurzeln waschen, schaben, in Stücke schneiden und anschließend in Essigwasser mit Mehl legen (damit sie nicht braun anlaufen). Die Wurzeln in Salzwasser kochen, abschütten und warm stellen. Für die Sauce Mehl in Butter anschwitzen, mit der Brühe ablöschen und aufkochen lassen. Den durchgestrichenen Quark, das zerdrückte Eigelb und die feingewiegten Kräuter dazugeben. Gut würzen und heiß über die Schwarzwurzeln geben.

Schwarzwurzeln am besten mit Gummihandschuhen putzen. Der austretende Saft verfärbt die Hände und läßt sich kaum entfernen. Einfacher geht es, wenn man die Schwarzwurzeln vorher mit kochendem Wasser übergießt. Dann läßt sich die Schale besser entfernen.

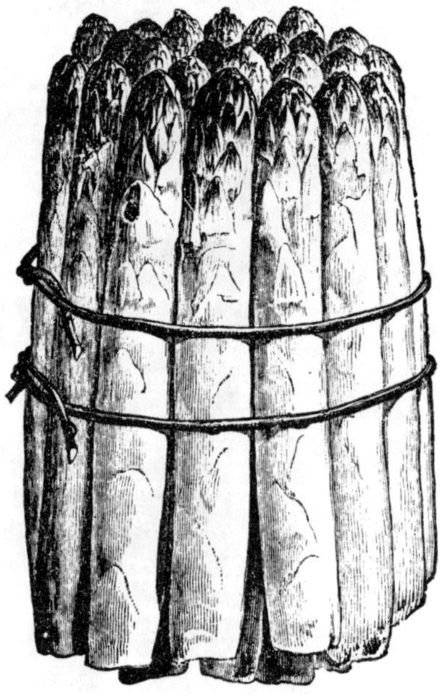

Bruchspargel

Bruchspargel ist ein typisches Resteessen, das besonders bei den Spargelbauern am Niederrhein sehr beliebt ist. Er fällt in der Spargelsaison zuhauf an und läßt sich auf dem Markt oft zu einem Bruchteil des normalen Preises erstehen.

Zutaten *Bruchspargel*
Salz
1 Zitronenscheibe
geröstete Semmelbrösel
geriebener Käse

Zubereitung

Den frischen Spargel schälen und in reichlich Salzwasser mit 1 Scheibe Zitrone kochen lassen. Das Spargelwasser abschütten. Den Spargel mit gerösteten Bröseln mit etwas brauner Butter und Käse bestreuen und auftragen.

Omas Tip

Zur Aufbewahrung den Spargel, geschält oder ungeschält, in ein feuchtes Küchenhandtuch einschlagen und kühl lagern. Schmeckt der Spargel bitter, dünstet man einige Weißbrotstückchen mit. Aus den Spargelschalen kann man eine köstliche Suppe zubereiten: Die Schalen mit etwas Wasser und Weißwein kochen. Ein Stück Butter dazugeben und die Suppe mit Salz und Zucker abschmecken. Garniert mit gerösteten Brotwürfel, ist die Spargelsuppe eine köstliche Vorspeise.

Fenchelgemüse

Fenchel, der einen anisähnlichen Geschmack hat, gilt als heilkräftiges Mittel gegen viele Krankheiten. Nach Deutschland kam der Fenchel durch die Benediktinerinnen, die das Gemüse in ihren Klostergärten anbauten. Der große Vorteil des Fenchel ist, daß es ein Wintergemüse ist, das man roh, gedünstet, gekocht oder gebacken zubereiten kann.

Zutaten

3 Zwiebeln
85 g Butter
4–5 mittelgroße gelbe Rüben
1–2 Fenchelknollen
Wasser
Salz
Petersilie

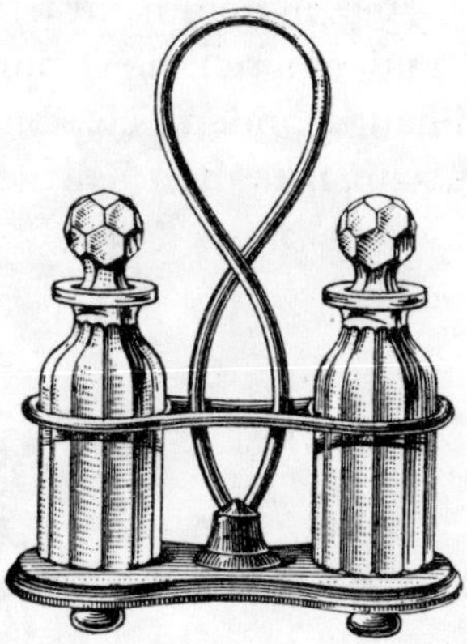

Zubereitung

Die Zwiebeln in der Butter dünsten und die in Würfel geschnittenen Rüben dazugeben. Die Fenchelknolle in Scheiben schneiden, auch die feinen grünen Blättchen, und mit in den Topf legen. Mit wenig Wasser aufgießen, salzen und abgedeckt dünsten.

Zum Schluß die gehackte Petersilie darüberstreuen.

Gibt man Kartoffelwürfel und etwas Suppenfleisch dazu, erhält man einen vorzüglichen Eintopf.

Bohnengemüse

Kein Gemüsegarten, in dem nicht früher weithin sichtbar die Bohnenstangen emporragten, an denen sich die schmackhaften Stangenbohnen hochrankten. Entsprechend häufig finden sich Bohnen in der deutschen Küche wieder, wo sie zu äußerst schmackhaften Beilagen und Suppen verarbeitet werden.

Zutaten *500 g Bohnen*
Salz
weißer Pfeffer
1 EL Bohnenkraut
30 g Butter

Zubereitung

Die Bohnen an den Enden beschneiden und in reichlich Salzwasser kochen. Abtropfen lassen und anschließend in Butter schwenken, mit Bohnenkraut, Salz und Pfeffer würzen. Man kann die Bohnen auch in dem Fett ausgebratener Speckwürfel schwenken.

Omas Tip

Damit die Bohnen auch nach dem Kochen ihre schöne grüne Farbe behalten, taucht man sie kurz in Essigwasser ein.

Kohlrabi auf andere Art

Kohlrabi wurde schon von den Römern begeistert gegessen. Im Mittelalter fand das Gemüse seinen Weg nach Deutschland und wurde praktisch zum »deutschen Gemüse«. Es gibt weiße und blaue Knollen, wobei man beachten sollte, daß die weißen Kohlrabi schneller holzig werden als die blauen.

Zutaten *6–8 schöne, zarte Kohlrabi*
dicke Buttersauce

Zutaten für die Buttersauce

50 g Butter
1 EL Mehl
1–2 Eigelb
Salz
Muskat
Zitronensaft
1/4 l Fleisch- oder Gemüsebrühe
nach Belieben etwas geriebener Käse und Paniermehl

Zubereitung

Die Kohlrabi schälen und in Salzwasser oder noch besser in etwas Fleischbrühe kochen.

Die Butter in einer Schüssel rühren, Mehl, Eigelb, Gewürze, Zitronensaft und die kalte Gemüsebrühe dazugeben und im Wasserbad so lange schlagen, bis sie dicklich wird. Die Sauce eventuell mit Fleisch- oder Gemüsebrühe verdünnen und sofort servieren.

Die Kohlrabi mit der dicken Buttersauce servieren.

Man kann sie auch in eine gefettete Auflaufform setzen, mit einer dicken Buttersauce übergießen, mit geriebenem Käse und Paniermehl bestreuen, Butterflöckchen darauf verteilen und ca. 1/4 Stunde im Backofen überbacken.

Omas Tip

Raspelt man eine halbe Kohlrabi in das fertige Gericht, ergibt es einen frischen und feinen Geschmack. Man kann das Gericht auch verfeinern, indem man die inneren, jungen Kohlrabiblättchen mitkocht.

Zuckerschoten

Zutaten *1 kg Zuckerschoten*
40 g Mehl
40 g Butter
Wasser
Zucker
Salz
Petersilie

Zubereitung

Die Zuckerschoten schmecken am besten, wenn sie ganz frisch gepflückt, entfasert, gewaschen und dann langsam in Fett gedünstet werden. Mit etwas Salz, Zucker und gewiegter Petersilie abschmecken.

Eine Variante: Die Schoten waschen, entfasern, in Salzwasser kochen. Mehl in der Butter hell anschwitzen, mit Kochbrühe ablöschen, die Schoten hineingeben, würzen und gar kochen.

Omas Tip

Grünes Gemüse behält seine Farbe, wenn man pro Liter Wasser eine Messerspitze Natron dazu gibt. Man sollte dann aber auf das Salz verzichten.

Leipziger Allerlei

Dieser herrliche und manchmal auch hochherrschaftliche Gemüseeintopf ist keinesfalls eine sächsische Angelegenheit, er stammt vielmehr von den Hugenotten, die die verwendeten Gemüse im 17. Jahrhundert nach Berlin brachten. Dieses Gericht wurde ursprünglich, bis zum Aussterben der heimischen Flußkrebse in den Flüssen um Berlin, mit Krebsschwänzen zubereitet.

Zutaten *200 g feine junge Bohnen*
200 g Erbsen
200 g Möhren
200 g Spargel
200 g Champignons oder Morchel
40 g Butter
20 g Mehl
1 Tasse Brühe
1/2 Becher Sahne
Salz
Zucker
weißer Pfeffer

Zubereitung

Die Gemüse putzen, die Möhren in Scheibchen und den Spargel in mundgerechte Stücke schneiden. Jedes Gemüse für sich in Wasser gar kochen, dann unter kaltem Wasser abschrecken. Alle Gemüse sollten noch Biß haben. In der Zwischenzeit die Champignons oder Morchel in 20 g Butter anbraten.

Aus Mehl und Butter eine Schwitze herstellen, mit Brühe sämig aufgießen und mit Sahne verfeinern. Die Sauce sollte schön dick sein. Würzen und das Gemüse noch mal kurz darin warmziehen lassen. Dazu paßt ein leckeres Schnitzel oder ein Stück Braten.

Man kann es aber auch vegetarisch genießen, nämlich nur mit Bratkartoffeln, die in Rapsöl gebraten werden.

Omas Tip

Wenn man aus dem Leipziger Allerlei eine wirkliche Delikatesse machen will, sollte man auf zwei Dinge besonders achten: Erstens sollte man kein Gemüse aus Konserven oder aus der Tiefkühltruhe verwenden, zum anderen sollte man alle Gemüsesorten getrennt kochen, da ihre Garzeiten ganz unterschiedlich sind.

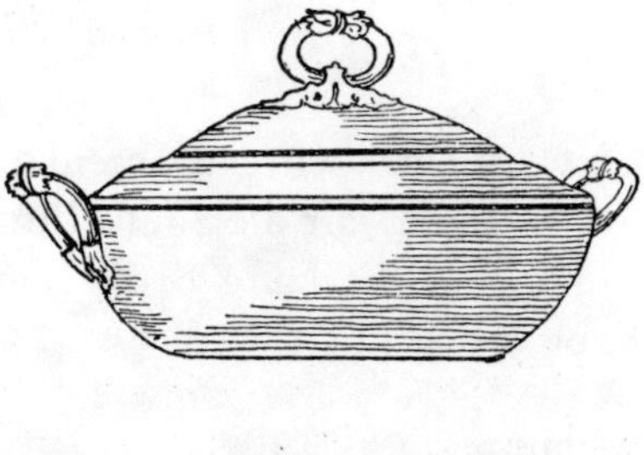

Blumenkohl überbacken mit Buttersauce

Für die »richtige« Zubereitung von Blumenkohl gibt es einen uralten Trick aus Omas Küche: Zuerst wird er bei offenem Deckel gekocht, anschließend das Wasser abgegossen. Frisches Wasser angießen und bei aufgelegtem Deckel garen. Der Blumenkohl wird dadurch viel bekömmlicher. Er bleibt schön weiß, wenn man dem Blanchierwasser Zitronensaft oder etwas hellen Essig zugibt.

Zutaten

1 Blumenkohl
geriebener Parmesankäse
geröstetes Paniermehl
Butter zum Einfetten der Form

Zutaten für die Buttersauce

50 g warme Butter
1 EL Mehl
1–2 Eigelbe
Salz
Muskat
Zitronensaft
1/4 l Fleischbrühe oder Gemüsebrühe

Zubereitung

Der geputzte und in Salzwasser gekochte Blumenkohl wird zerlegt und in eine gefettete Auflaufform gegeben. Für die Sauce Butter in eine Schüssel geben, Mehl, Eigelb, Gewürze und die kalte Brühe dazugeben und im Wasserbad so lange schlagen, bis sie dicklich wird.

Die Buttersauce über den Blumenkohl gießen, geriebenen Parmesan und das geröstete Paniermehl darüberstreuen und ca. eine 1/4 Stunde im Backofen backen.

Rosenkohl

Zutaten

1/2 kg Rosenkohl
30 g Butter
30 g Mehl
Gemüsebrühe
100 ml Sahne
Salz
weißer Pfeffer

Zubereitung

Die Röschen werden von den welken Blättern befreit, gewaschen und kurz in Salzwasser gekocht. Die Butter in einem Topf zerlassen und mit dem Mehl eine helle Mehlschwitze anrühren. Mit der Kochbrühe aufgießen und mit etwas Sahne verfeinern und würzen.

Noch besser schmecken die Röschen, wenn man sie nur ein wenig in Salzwasser kocht, anschließend in Butter schwenkt und sofort heiß serviert.

Omas Tip

Rosenkohl darf beim Einkauf keine gelben Blätter haben. Riecht er streng, ist er ebenfalls nicht frisch. Kohlgeruch kann man lindern, indem man Essig auf ein feuchtes Küchenhandtuch gibt und das Tuch unter den Deckel des Topfes klemmt. Es saugt den Geruch förmlich auf.

Wirsing

Es gibt zwei verschiedene Sorten von Wirsing: den Frühjahrswirsing und den Herbstwirsing. Der Frühjahrswirsing ist sehr zart, kocht schnell weich und hat einen milden Geschmack. Der Herbstwirsing ist im Geschmack etwas kräftiger und deshalb gut geeignet für deftige Speisen.

Zutaten

1 kg Wirsing
30 g Butter
1 Zwiebel
30 g Mehl
Gemüsebrühe
Salz
Kümmel
1 Schuß Essig
1 Prise brauner Zucker

Zubereitung

Den Wirsing putzen und waschen, dabei harte Rippen und welke Stellen entfernen und den Strunk ausschneiden. Den grobgeschnittenen Wirsing in Salzwasser kurz kochen, herausnehmen und mit einem Wiegemesser schneiden. Butter auslassen, dann die feingeschnittenen Zwiebeln und den gekochten Wirsing kurz anschmoren. Mit Mehl bestäuben und unter Rühren mit der Brühe auffüllen.

Zum Schluß mit Salz, Kümmel, einem Schuß Essig und eventuell braunem Zucker würzen.

Bayrisch Kraut

Zutaten *1 Weißkohl (ca. 1 kg)*
40 g Butter
1 Zwiebel
Wasser
etwas Essig
1 Glas Wein
1 Apfel, geschält
2 EL Mehl
Salz
eventuell etwas Zucker

Zubereitung

Den Kohl von den äußeren Blättern und dem Strunk befreien und fein hobeln. In der zerlassenen Butter dünstet man erst die feingeschnittene Zwiebel glasig, gibt das Kraut dazu und dünstet es so lange, bis es zusammenfällt. Mit Wasser, etwas Essig und Wein ablöschen. Den feingeschnittenen Apfel dazugeben und weichdünsten. Ist die Flüssigkeit eingekocht, streut man etwas Mehl darüber, würzt das Kraut mit Salz und Zucker und läßt es noch einmal kurz aufkochen.

Omas Tip

Kraut salzt man erst, nachdem es zusammengefallen ist. Salzt man es gleich, braucht es wesentlich länger zum Weichwerden.

Rotkohl

In früheren Zeiten wurde das Gemüseangebot der heimischen Bauern zur Winterszeit knapp, denn noch gab es keine Treibhäuser, und die Importe aus warmen Ländern waren wegen der großen Entfernungen und der fehlenden Kühlmöglichkeiten undenkbar. So lagerte man Gemüse und Obst für den Winter ein: Neben den Kartoffeln waren es vor allem Rot- und Weißkraut, aber auch sauer eingelegte, d. h. vergorene Schnippelbohnen, die die Vitaminversorgung während der langen Wintermonate sicherstellten.

Zutaten

1 kg Rotkohl
40 g Butter
1 Zwiebel
3 Nelken
1 säuerlicher Apfel, geschält
Salz
1 Spritzer Essig
10 g Mehl

Zubereitung

Den Rotkohl putzen, fein hobeln und in Fett andünsten. Mit der Zwiebel, in die man die 3 Nelken steckt, dem in Stücke geschnittenen Apfel, Salz und Essig weichdünsten. Mit Mehl bestäuben und garen.

Omas Tip

Besonders lecker wird Rotkohl, wenn man zum Schluß noch 1 Eßlöffel Johannisbeergelee unterrührt. Rotkohl bleibt rot, wenn man das rohe, geschnittene Kraut 24 Stunden in Essig und Rotwein, gewürzt mit Apfelstücken und wenig Zucker, einlegt. Abgedeckt an einem kühlen Ort aufbewahren.

Sauerkraut

Zu Omas Zeiten stand in fast jedem Keller ein Faß, in dem Sauerkraut angemacht wurde. Wegen seines Vitaminreichtums und seiner langen Haltbarkeit war es besonders in Winter- und Notzeiten ein unentbehrlicher Bestandteil des Speisezettels. Selbst die christliche Seefahrt entdeckte die Vorzüge des Sauerkrauts, und so führte man lange Zeit im Kampf gegen den Skorbut, eine damals weit verbreitete Mangelkrankheit auf See, große Mengen Sauerkraut an Bord mit.

Zutaten

1 kg Sauerkraut
1 Zwiebel, mit drei Nelken besteckt
1 Apfel
3–4 zerdrückte Wacholderbeeren
etwas Kümmel
1 rohe Kartoffel
Salz
eventuell etwas brauner Zucker

Zubereitung

Das Sauerkraut keinesfalls waschen! Mit wenig kochendem Wasser aufsetzen. Zwiebel, Apfel und Gewürze beigeben. Zum Schluß mit der roh geriebenen Kartoffel binden und gut abschmecken, eventuell mit braunem Zucker.

Minutenkraut

Minutenkraut ist eine schnell herzustellende Variante des Sauerkrauts.

Zutaten *1 Zwiebel*
20–40 g Fett
500 g Sauerkraut

Zubereitung

Die feingeschnittene Zwiebel mit Fett in der Pfanne hellgelb rösten, das leicht gewürzte Sauerkraut dazugeben und fortwährend einige Minuten lang wenden.

Omas Tip

Besonders lecker wird das Kraut, wenn man es vor dem Kochen in heißem Griebenschmalz anbrät.

Sauerkrautauflauf

Zutaten *Fett für die Auflaufform*
1 kg gekochtes Sauerkraut
10 Scheiben geräucherte Schinkenwurst
Spätzle oder in Scheiben geschnittene gegarte Kartoffeln
Butterflöckchen

Zubereitung

In eine gefettete Auflaufform eine dicke Lage gekochtes Sauerkraut geben. Darauf in dünne Scheiben geräucherte Schinkenwurst, dann eine Lage Spätzle oder in Scheiben geschnittene bereits gegarte Kartoffeln. Die Lagen wiederholen, bis die Form gefüllt ist. Obenauf das Sauerkraut mit einigen Butterflöckchen belegen und den Auflauf etwa 30 Minuten bei ca. 180 °C backen.

Omas Tip

Sollte der Auflauf zu trocken werden, kann entweder etwas Wein oder Wasser angegossen werden.

Erbspüree

Erbspüree ist eine Spezialität aus Berlin und gehört schon seit Urzeiten zum festen Repertoire der Berliner Küche.

Zutaten *200 g geschälte Erbsen*
3/4 l Wasser
1/2 TL Majoran
1 EL Butter
Salz
weißer Pfeffer
1 Zwiebel
50 g Speck

Zubereitung

Die Erbsen über Nacht in kaltem Wasser einweichen. Am nächsten Tag im Einweichwasser abgedeckt etwa 20 Minuten unter Zugabe des Majorans langsam zu einem Brei verkochen lassen. Die Butter hineinrühren und mit Salz und Pfeffer würzen. Das Püree in eine vorgewärmte Schüssel füllen und warm stellen. Die Zwiebel hacken, den Speck würfeln und in der Pfanne ausbraten. Über das Püree geben und heiß servieren.

Omas Tip

Bei Oma wurden die Erbsen frisch gepuhlt. Leider gibt es das heute kaum noch. Allerdings ist die Tiefkühlware nicht so schlecht und auf jeden Fall den Dosenerbsen vorzuziehen. Damit die Erbsen ihre schöne grüne Farbe beim Kochen nicht verlieren, streut man etwas Zucker darüber. Es rundet zusätzlich den Geschmack ab.

Kapitel 4

Salate

Omas Kartoffelsalat

Zutaten

1/2 kg Pellkartoffeln
1/4 l Gemüse- oder Fleischbrühe
1 Zwiebel
Salz
3 EL Essig
2–3 EL Öl

Zubereitung

Frisch gekochte Pellkartoffeln sollte man so heiß wie möglich schälen und gut auskühlen lassen. Dann in dünne Scheiben schneiden, etwas lauwarme Fleischbrühe, die geriebene oder kleingeschnittene Zwiebel, Salz, erst Essig und dann Öl dazugeben. Vorsichtig untermengen und gut durchziehen lassen.

Mit sauren Gurken, Ei oder einigen Scheiben Sellerie kann der Kartoffelsalat verfeinert werden. Mit Schnittlauch, Petersilie und Kresse dekorieren.

Omas Tip

Zum Schluß noch etwas Meerrettich dazugeben, dann liegt der Kartoffelsalat nicht so schwer im Magen. Damit er nicht zu matschig wird, nach dem Kochen die Kartoffeln handwarm abkühlen lassen und erst dann schneiden. Kartoffelsalat schmeckt würziger, wenn er nach dem Anmachen mit Essig zuerst 1 Stunde lang durchzieht, bevor das Öl untergemischt wird. Man kann den Kartoffelsalat mit dem Essigwasser von Einmachgurken anmachen, das ergibt genau die richtige Würze.

Kopfsalat

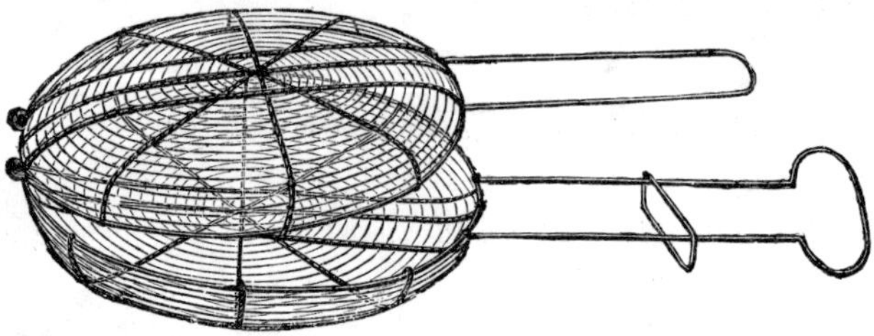

Zutaten *Öl*
milder Essig oder Zitronensaft
Salz
etwas Zucker
1 Lauchzwiebel
1 fester Kopfsalat
1 Knoblauchzehe
reichlich gehackte Kräuter (Estragon, Dill, Zitronenmelisse, Schnittlauch)

Zubereitung

In einem separaten Gefäß eine Salatsauce aus Essig, Öl , Salz, Zucker und der feingeschnittenen Lauchzwiebel anrühren. Den Salat putzen, waschen und gut abtropfen lassen. Die Salatschüssel mit einer Knoblauchzehe ausreiben, das gibt einen vorzüglichen, dezenten Beigeschmack. Kurz vor dem Servieren die Salatsauce über den Kopfsalat gießen und die Kräuter darüber streuen.

Omas Tip

Kopfsalat sollte man nicht neben reifem Obst lagern, sonst wird er schnell braun und unansehnlich. Sollte er einmal welk geworden sein, kann man dem Salat wieder auf die Beine helfen, indem man ihn kopfüber in eine Schüssel mit Zuckerwasser legt. 1–2 Teelöffel Zucker reichen, wichtig ist, daß alle Blätter mit dem Wasser in Berührung kommen.

Endiviensalat

Der knackige, winterharte Endiviensalat ist reich an Eisen, Kalzium und Vitaminen. Der Endiviensalat wird heute noch hauptsächlich im Freien angebaut und bekommt deshalb viel Wind, Regen, Sonne und die nötigen Nährstoffe aus dem Boden mit.

Zutaten

Essig
Salz
1 EL Öl
etwas Zucker
1 Knoblauchzehe
1 Kopf Endiviensalat
gehackte Kräuter

Zubereitung

Aus Essig, Salz, Öl und etwas Zucker in einem separaten Gefäß eine Salatsauce rühren. Die Salatschüssel mit einer Knoblauchzehe ausreiben, den Salat hineingeben und mit der Sauce anmachen. Mit Kräutern bestreuen und servieren.

Omas Tip

Man kann die Blätter fein nudelförmig oder nur grob schneiden. Ist der Salat sehr bitter, legt man die Blätter ca. 15 Minuten in lauwarmes Wasser, um auf diese Weise Bitterstoffe herauszuziehen.

Chicorée-Salat

Chicorée wird auch als »Brüsseler Endivie« bezeichnet und kam wegen der geographischen Nachbarschaft schon früh nach Deutschland. In der deutschen Küche schätzte man ihn schon bald wegen seiner vielseitigen Verwendbarkeit.

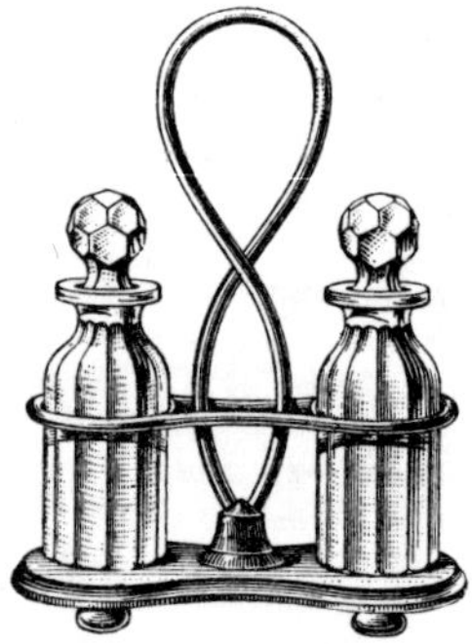

Zutaten
2–3 Chicorée
Essigwasser
1 Zwiebel
Essig
Öl
Salz
Pfeffer
etwas Zucker
nach Belieben gewiegte Salatkräuter

Zubereitung

Den bitteren Geschmack des Chicorée beseitigt man, indem man zuerst den Strunk kegelförmig aushöhlt, den Chicorée sodann fein schneidet und ca. 1/2–1 Stunde in lauwarmes Essigwasser legt. Dann läßt man den Salat gut abtropfen und mischt ihn mit der Marinade. Dazu Essig, Öl, Salz, Pfeffer und Zucker anrühren und über den Salat geben. Zum Schluß die Kräuter über den Salat streuen und servieren.

Omas Tip

Braun verfärbten Chicorée sofort mit Zitronensaft beträufeln und möglichst direkt verarbeiten.

Tomatensalat

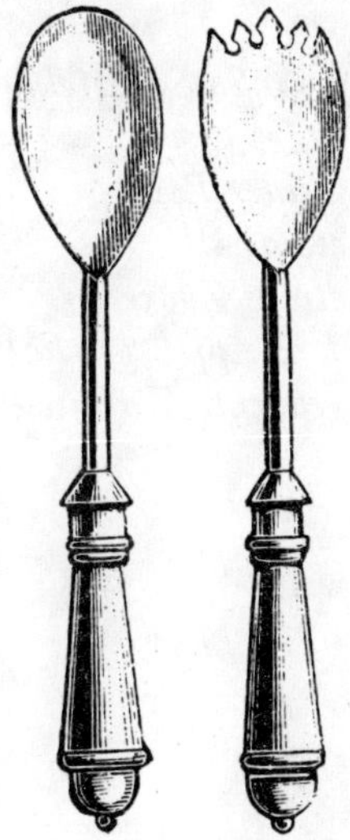

Zutaten *1 kg feste Tomaten*
milder Essig
wenig Öl
Salz
Pfeffer
1 Prise Zucker
gehackte Petersilie
Schnittlauch
1 Zwiebel

Zubereitung

Die Tomaten waschen, den Stielansatz entfernen und in Scheiben schneiden. Für die Marinade Essig, Öl, Salz, Pfeffer und Zucker verrühren und über die Tomatenscheiben gießen. Die Kräuter und die feingeschnittene Zwiebel über den Salat streuen und gut mischen.

Variante: Tomatensalat mit Bohnensalat und Zwiebeln gemischt schmeckt vorzüglich!

Omas Tip

Die Anschaffung eines gezackten, scharfen Tomatenmessers hilft, daß der Saft in der Tomate bleibt. Die Tomate sollte nicht gedrückt werden. Überreife Tomaten kann man ideal zu Suppen, Saucen oder Saft weiterverarbeiten. Damit der Tomatensalat nicht zu wäßrig wird, gibt man erst zum Schluß das Salatdressing löffelweise an den Salat.

Selleriesalat

Zutaten *1 große Sellerieknolle*
Salzwasser
milder Essig
etwas Öl
etwas Zucker
1–2 Äpfel, geschält
gehackte Walnüsse

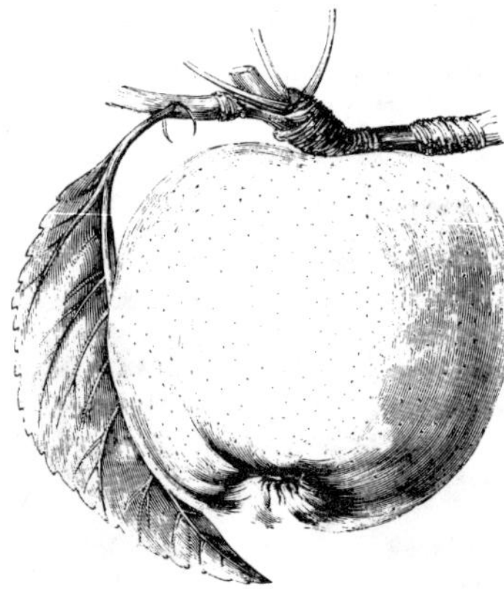

Zubereitung

Die Knolle gut waschen. Die Wurzeln und der Blattansatz dürfen vor dem Kochen nicht weggeschnitten werden. Den Sellerie in Salzwasser kochen, heiß abschälen und in kleine Stifte schneiden. Für die Marinade Essig, Öl und Zucker mischen und sofort mit den kleingeschnittenen Äpfeln und den gehackten Walnüssen unter den Selleriesalat heben.

Omas Tip

Damit der Selleriesalat schön weiß bleibt, empfiehlt es sich, die Kochvorschrift genau zu beachten. Bei vorzeitigem Entfernen von Blattansatz und Wurzeln dringt die Kochbrühe ein. Der Sellerie darf nicht zu lange kochen. Damit er schön weiß bleibt, gibt man dem Kochwasser 1 Eßlöffel hellen Essig zu.

Gurkensalat

Insbesondere im Sommer ist ein Gurkensalat wegen des hohen Wasseranteils der Gurken ideal. Doch Vorsicht! Gurkensalat ist schwerverdaulich. Und so wußte Oma natürlich ein probates Rezept: Um ihn bekömmlicher zu machen, überbrühte sie die geschälte Gurke kurz mit kochendem Wasser und bereitete die Salatsauce mit einer Prise Zucker zu. Dann kann der erfrischende Gurkensalat auch einem empfindlichen Magen nichts anhaben.

Zutaten *1 Gurke*
Essig oder Zitronensaft
Öl
Salz
Salatkräuter (besonders Dill, Estragon, Thymian, Schnittlauch)

Zubereitung

Die Gurke von der Blüte zum Stiel schälen, dann hobeln oder schneiden. Eine Marinade aus Essig, Öl, Salz und Salatkräutern rühren und erst kurz vor dem Servieren über den Gurkensalat gießen.

Omas Tip

Am besten schmeckt Gurkensalat zu Beginn der Saison. Junge Freiluftgurken müssen nicht einmal geschält werden. Nie gefrorene Gurken verwenden, sie sind glasig und bitter. Die Salatsauce bekommt einen besonderen Geschmack, wenn man sie mit mittelscharfem Senf und frisch gehacktem Dill verfeinert.

Krautsalat

Zutaten *1 Weißkohl*
250 g Speckwürfel
1 Zwiebel
Butter
Salz
Pfeffer
Essig nach Geschmack

Zubereitung

Das feingehobelte Kraut abkochen und abgedeckt ca. 5 Minuten stehen lassen. Anschließend abtropfen lassen. Die Speckwürfel mit der kleingeschnittenen Zwiebel hell anbraten und mit Salz, Pfeffer und Essig unter das Kraut geben und gut mischen.

Variante:

Das Kraut wie oben bearbeiten. Die Speckwürfel anbraten. Das Öl mit dem feingehobelten Kraut und die in Ringe geschnittene Zwiebel dazugeben, mit anbräunen und mit einem guten Schuß mildem Essig ablöschen. Mit Salz und Kümmel abschmecken und heiß servieren.

Omas Tip

Krautsalat nicht zu lange aufbewahren, da er sonst gärt. Dieser Prozeß wird noch gefördert, wenn Sie das Speckfett mit in den Salat geben.

Heringssalat

Hering, einer der wichtigsten Meeresfische mit dem höchsten Nährwert, wird hauptsächlich im Atlantik und im Pazifik gefangen. Zu Omas Zeiten war er der »Speisefisch der Armen«, heute gilt er auch allgemein als große Delikatesse. Es gibt Hunderte von Rezepten: Hering schmeckt gefüllt, gebacken, gebraten, gegrillt oder als Salat sehr köstlich.

Zutaten

1 Hering
1 kg gekochte Kartoffeln
2 große Äpfel
1 Salzgurke
nach Belieben Bratenreste oder Schinken

Für die Marinade

Essig
Öl
wenig Salz

Zubereitung

Den über Nacht gewässerten Hering entgräten und in kleine Würfel schneiden. Die gekochten Kartoffeln, die Äpfel und die Salzgurke auch in kleine Würfel schneiden, unter die Heringswürfel geben und abschmecken. Entweder mit Mayonnaise anrichten oder eine Marinade aus Essig, Öl und Salz mischen und über den Heringssalat gießen. Abschließemd mit Petersilie und Gurke verzieren.

Omas Tip

Damit der Fischgeruch an den Händen verschwindet, reibt man die Hände mit Essig ein und spült sie mit viel Wasser ab.

Fleischsalat

Dieser Fleischsalat ist ein typisches Resteessen. Die Fleischreste wurden gesammelt und mit einer selbstgemachten Mayonnaise zu einem schmackhaften Salat zubereitet.

Zutaten *350–400 g Bratenreste, Wurst, Schinken etc.*

Für die Mayonnaise

2 hartgekochte Eier
2 Eigelbe, zimmerwarm
Öl nach Bedarf
Saft einer 1/2 Zitrone
1 Schuß Essig
Salz
Pfeffer
etwas Senf
2–3 Essiggürkchen
etwas Petersilie

Zubereitung

Das Fleisch in kleine Stückchen schneiden. Für die Mayonnaise das harte Eigelb fein schaben (oder mit dem Messer auf einem Brett zerdrücken) und dann mit etwas Öl anrühren. Unter Rühren das rohe Eigelb und den Zitronensaft dazugeben. Nach etwa zwei bis drei Minuten wird die Eiermasse dicklich. Dann gibt man langsam die nötige Menge Öl dazu, den Essig aber erst ganz zum Schluß (nach der Zugabe des Essigs wird die Mayonnaise dünner). Mit Gewürzen gut abschmecken. Die Mayonnaise unter die Fleischstückchen heben und mit Essiggürkchen und Petersilie verzieren.

Rheinischer Feldsalat

Feldsalat ist ein nussig schmeckender Wintersalat. Er ist sehr delikat, leicht bitter im Geschmack und steckt voller Vitamin C, Carotin und besonders viel Eisen. Dieses hier vorgestellte Rezept ist im Rheinland seit langem sehr beliebt, weil es den feinen Geschmack des Feldsalats mit der sättigenden Wirkung der Kartoffel verbindet.

Zutaten *1 1/2 kg Kartoffeln*
500 g Feldsalat
6 EL Öl
3 EL Essig
Salz
Pfeffer
1 große Zwiebel
100 g Speck
2 EL Mehl
Brühe

Zubereitung

Die Kartoffeln schälen und in Salzwasser kochen. Während dieser Zeit den Feldsalat putzen und waschen. Eine Marinade aus Öl, Essig, Salz, Pfeffer und der in dünne Scheiben geschnittenen Zwiebel rühren und über den Feldsalat gießen. Den Speck würfeln und auslassen. Mehl dazugeben und in einer Pfanne erhitzen, bis er hellgelb ist. Unter ständigem Rühren mit Brühe ablöschen und aufkochen. Mit Salz abschmecken. Zum Schluß die Kartoffeln mit der Specksauce mischen und zum Feldsalat geben.

Rindfleischsalat

Zutaten

1 kg Rindfleisch vom Bug
Pfeffer
Salz
2 Zwiebeln
2 Gewürzgurken
250 g Mais
250 g Erbsen
Paprika
1 Zitrone
1 EL Essig
1 EL Öl
1/4 l Sahne
300 g Meerrettich aus der Tube oder aus dem Glas

Zubereitung

Rindfleisch mit Pfeffer, Salz und einer Zwiebel abkochen. Das abgekühlte Fleisch, die zweite Zwiebel und die Gewürzgurken würfeln. Mais und Erbsen zugeben und mit Pfeffer, Salz und Paprika würzen. Aus dem Saft einer Zitrone, Essig und Öl eine Sauce anrichten und über die Zutaten gießen. Zum Schluß die Sahne mit dem Meerrettich verquirlen und unterheben.

Omas Tip

Damit das Fleisch schön saftig und weich wird, sollte man es in kochendem Wasser aufsetzen. So schließen sich sofort die Poren, und das Austrocknen des Fleisches wird verhindert. Wenn man eine kräftige Suppe wünscht, setzt man das Fleisch in kaltem Wasser auf.

Knödelsalat sauer

Zutaten *400 g altes Weißbrot*
1/2 l Milch
1 Bund Petersilie
1 Bund Schnittlauch
1 mittelgroße Zwiebel
4 Eier
Salz und Pfeffer nach Geschmack
Butter
1/4 Würfel klare Brühe
Essig und Öl

Zubereitung

Das Weißbrot wird in kleine Stücke geschnitten und mit der zuvor erwärmten Milch übergossen. Das Ganze läßt man etwa 10 Minuten ziehen. Währenddessen schneidet man die Petersilie und den Schnittlauch klein, würfelt die Zwiebel in kleine Stücke und gibt alles in separate Schüsselchen.

Die Eier werden nun über die Brotmasse geschlagen, die Petersilie hinzugegeben und alles gut miteinander vermischt. Man schmeckt mit Pfeffer und Salz ab und formt die entstandene Masse zu einer Rolle. Diese wickelt man in mit Butter eingefettete Aluminiumfolie.

Den Backofen auf etwa 170 °C vorheizen. Die Rolle in den heißen Backofen geben und ca. 40 Minuten backen. Nach dem Auskühlen schneidet man die

Teigmasse in größere Würfel und gibt sie in eine Schüssel. Zwiebeln und Schnittlauch zugeben, mit Salz und Pfeffer würzen.

Die Salatsauce bereitet man folgendermaßen: Zur Brühe gibt man je nach Geschmack etwas Essig. Diese Mischung wird über den Salat gegossen, den man ca. 5 Minuten damit ziehen läßt. Erst zum Schluß wird das Öl dazugegeben und alles gut vermengt.

In den Salat kann man kleingeschnittene Tomaten oder Wurststücke geben.

Omas Tip

Etwas Currypulver in der Brotmasse ergibt einen sehr guten Geschmack.

Kapitel 5

Kartoffeln und andere Sattmacher

Kartoffelgulasch mit Blut- und Leberwurst

Friedrich II. ordnete im Jahre 1750 in Preußen die Aussaat von Kartoffeln an, um seinen Untertanen einen Ersatz für das knapp werdende Brot zu schaffen. Nach anfänglicher Skepsis – wie sollte aus den seltsamen Knollen eine schmackhafte Frucht werden? – trat die Kartoffel ihren Siegeszug an und war schon bald aus der Küche nicht mehr wegzudenken. Vor allem in Zeiten der Not war es die Kartoffel, die zu immer neuen phantasievollen Kreationen anregte und viele Menschen vor dem Verhungern bewahrte. Auch das hier vorgestellte Kartoffelgulasch war in Zeiten des Krieges und der Not ein beliebtes Hauptgericht, bei dem zumindest der Name noch an das fehlende Fleisch erinnern sollte. Aber probieren Sie einmal, auch ohne Fleisch- und Wurstbeilage schmeckt das Kartoffelgulasch aus Omas Küche ganz hervorragend.

Zutaten

1 kg Kartoffeln
125 g magerer Speck
2 mittelgroße Zwiebeln
20 g Mehl
2 EL Öl
1/4 l Brühe
250 g Leberwurst
250 g Blutwurst
2 Essiggurken

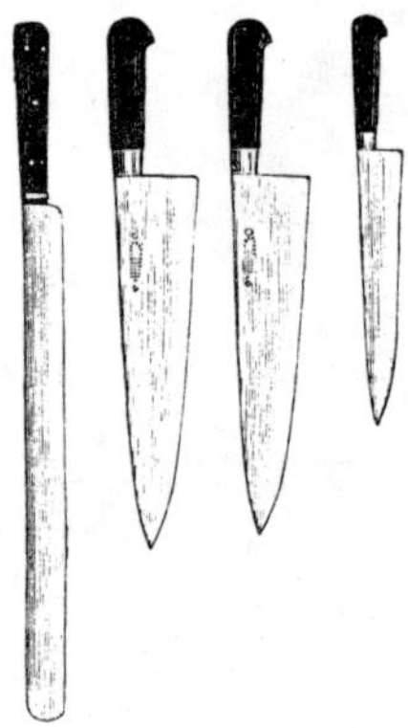

Zubereitung

Kartoffeln zu Pellkartoffeln kochen und in Scheiben schneiden. Speck würfeln und mit den gehackten Zwiebeln andünsten. Das Mehl hinzugeben und hellbraun anrösten, mit Brühe auffüllen und die Pellkartoffelscheiben dazugeben. Auf Tellern anrichten und mit der Blut- und Leberwurst, eventuell auch mit den Essiggurken servieren.

Omas Tip

Trockene Pellkartoffeln sind sehr schwer zu schälen. Deshalb läßt man sie zum Abkühlen nach dem Kochen im Wasser liegen und schält sie erst dann, wenn man sie braucht. Wenn man Pellkartoffeln länger aufbewahren will, sollte man sie in der Schale lassen und 5 Minuten vor dem Schälen in kaltes Wasser legen. Die Schale läßt sich dann schön leicht lösen.

Gefüllte Kartoffeln

Zutaten *12 große Kartoffeln*
40 g Butter
1/4 l Fleischbrühe
etwas saure Sahne

Zutaten für die Fleischfüllung

1 Brötchen
250 g Hackfleisch
1 Ei
1 Zwiebel
Petersilie
Salz
Pfeffer
Muskat

Zubereitung

Die Kartoffeln schälen, oben und unten glatt abschneiden und vorsichtig aushöhlen. Die Kartoffeln leicht salzen.

Für die Hackfleischfüllung das Brötchen einweichen und anschließend gut ausdrücken. Das Hackfleisch mit Ei, Brötchen, der feingehackten Zwiebel und Petersilie gut mischen und würzen.

Den Fleischteig in die Kartoffeln füllen. In einer Kasserolle das Fett auslassen und die gefüllten Kartoffeln nebeneinander setzen. Nach kurzem Andünsten die Fleischbrühe dazu gießen und bei geschlossenem Topf garen. Kurz vor dem Anrichten zu der Sauce noch etwas Sahne geben.

Dazu reicht man grünen Salat.

Omas Tip

Zusätzlichen Geschmack bringen 2–3 mitgeschmorte Tomaten.

Kräuterkartoffeln

Petersilie und Liebstöckel würzen nicht nur Saucen, Suppen und andere Gerichte, sondern sind auch grüne Energiequellen. Schnittlauch gehört genauso wie Zwiebeln und Knoblauch zur Familie der Liliengewächse. Die grünen Küchenkräuter sind reich an Vitaminen und Mineralien. Kräuterkartoffeln sind also eine gesunde Kombination und schmecken sehr pikant.

Zutaten

1 Zwiebel
2 EL gewiegte, frische Kräuter (Petersilie, Liebstöckel, Schnittlauch)
40 g Butter
800 g rohe Kartoffeln
1/4 l Gemüse- oder Fleischbrühe

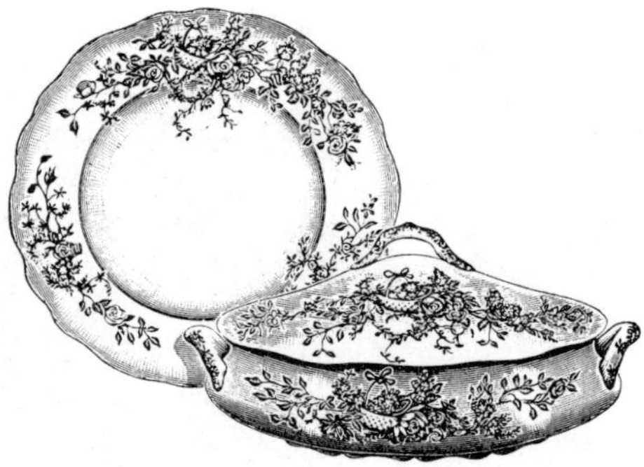

Zubereitung

Zwiebel und Kräuter klein schneiden und in Butter andünsten. Dann die in Scheiben geschnittenen Kartoffeln dazugeben und etwas mitdünsten. Mit der abgeschmeckten Brühe auffüllen und abgedeckt gar köcheln.

Kümmelkartoffeln

Zutaten *800 g Kartoffeln*
1 Prise Salz
Butter zum Einfetten der Auflaufform
1 TL Kümmel
gut 1/4 l Milch oder Sahne
etwas Butter

Zubereitung

Die rohen Kartoffeln in dünne Scheiben schneiden und in eine eingefettete Auflaufform schichten. Jede Lage mit Salz und Kümmel würzen, die Milch über die Kartoffeln gießen und das zerlassene Fett darüber träufeln. Im Backofen schön braun backen.

Omas Tip

Kümmel verleiht nicht nur diesem Gericht seinen Geschmack, er gehört auch immer ins Wasser für Pellkartoffeln – und zwar 1 Teelöffel pro Liter.

Bratkartoffeln mit Käse

Zutaten *800 g Kartoffeln*
40 g Butterschmalz
1 Prise Salz
50 g geriebener Käse

Zubereitung

Die Kartoffeln halb gar kochen, schälen und in dünne Scheiben schneiden. Fett in einer Pfanne auslassen, Kartoffelscheiben, bestreut mit Salz, dazugeben, gut durchmischen und goldgelb rösten. Zum Schluß den Käse untermischen und dann sofort von der Herdplatte nehmen.

Als Beilage paßt dazu jede Art von Salat.

Omas Tip

Bratkartoffeln schmecken am besten, wenn man für sie Pellkartoffeln verwendet, die am Tag zuvor zubereitet wurden.

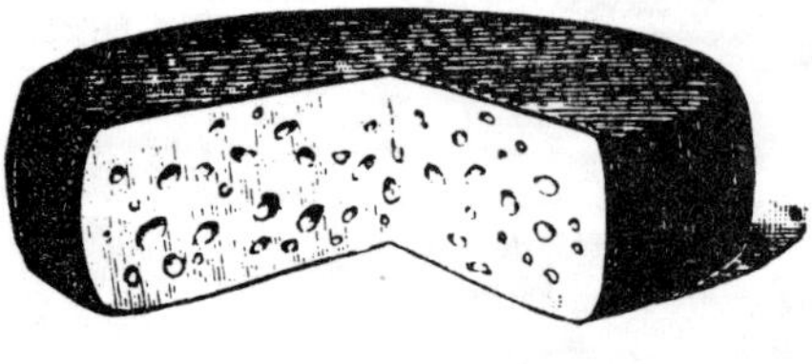

Kartoffelpüree

Zu Omas Zeiten gab es glücklicherweise noch kein industriell vorbereitetes Kartoffelpüree aus Instant-Flocken, von dem spätere Generationen hoffentlich einmal sagen werden, daß es sich dabei um eine der größten Verfehlungen gegen die Eßkultur der Menschen überhaupt gehandelt habe. Denn nichts geht über ein frisch aus Kartoffeln zubereitetes Püree. Dabei ist zu beachten, daß für ein lockeres Kartoffelpüree mehligkochende Sorten unentbehrlich sind.

Zutaten *1 kg mehlige Kartoffeln*
1/2–3/4 l Milch
Salz
30 g Butter
Muskat nach Belieben

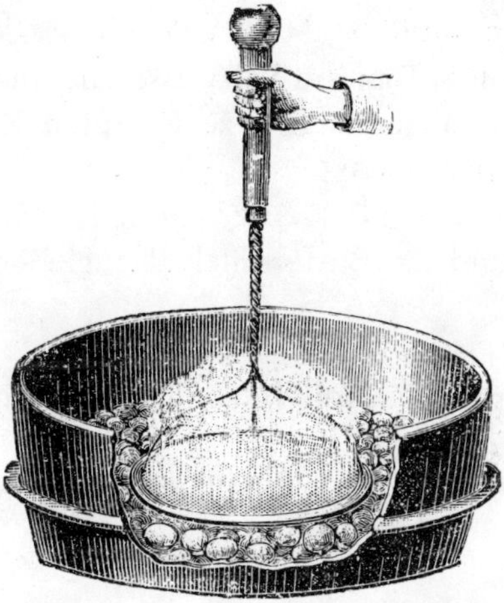

Zubereitung

Die geschälten Kartoffeln kochen und heiß zerstampfen. Milch, Salz und etwas Fett zum Kochen bringen und langsam zu den Kartoffeln geben. Mit einem Schneebesen die Kartoffelmasse kräftig schlagen, bis der Brei weich und locker ist. Zuletzt noch etwas Butter unterrühren und mit gerösteten Bröseln oder gebratenen Zwiebeln anrichten. Nach Belieben das Kartoffelpüree mit einer Prise Muskat würzen.

Buttermilch-Stampfkartoffeln

Zutaten *1 kg Kartoffeln*
150 g durchwachsener Speck
1 EL Mehl
300 ml Buttermilch
Salz
Pfeffer
Muskat

Zubereitung

In einem großen Topf mit Salzwasser die Kartoffeln ohne Schale weichkochen. Anschließend abgießen und zerstampfen. Zur Seite stellen.

In einer Pfanne den in kleine Würfel geschnittenen Speck anbraten, mit Mehl anstäuben und die Buttermilch dazugießen, so daß eine sämige Sauce entsteht.

Die gestampften Kartoffeln auf Teller geben und mit der Buttermilch-Specksauce übergießen.

Omas Tip

Reste von Kartoffelbrei kann man zu flachen Klößen weiterverarbeiten. Kurz in Mehl oder Semmelbröseln wenden und in heißem Fett schwimmend braten.

Kartoffelküchlein

Zutaten *Kartoffelbrei*
Mehl
Paniermehl
1 Ei
Backfett

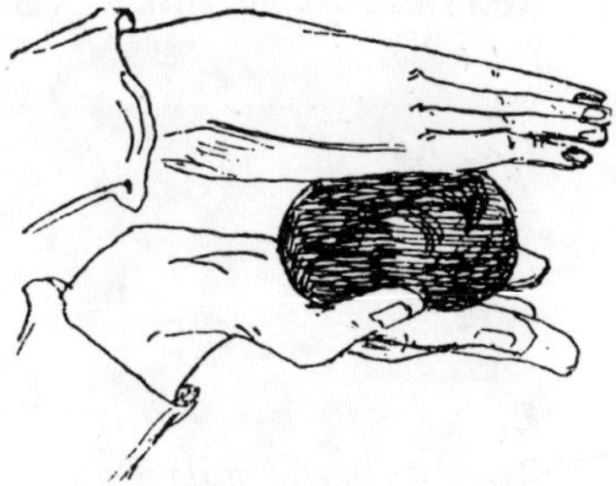

Zubereitung

Der Kartoffelbrei wird mit so viel Mehl vermischt, daß sich Küchlein formen lassen. Die Kartoffelküchlein in verrührtem Ei und Paniermehl wenden und in heißem Fett braun backen.

Omas Tip

Weniger schwer werden die Küchlein ohne Paniermehl. Man rührt das Eigelb mit in die Masse und brät die Küchlein in heißem Butterschmalz in einer Pfanne.

Schupfnudeln

Schupfnudeln sind fingerförmige Nudeln aus Kartoffeln, die vor allem in Baden-Württemberg zu den lokalen Spezialitäten gehören.

Zutaten *1 kg Kartoffeln*
200 g Mehl
1 Ei
Salz
Muskat
Butter
40 g Butterschmalz

Zubereitung

1–2 Tage alte, gekochte, geriebene Kartoffeln werden mit den übrigen Zutaten (etwas Mehl zum Verarbeiten zurückbehalten) zu einem festen Teig verarbeitet und mit dem restlichen Mehl zu fingerlangen und fingerdicken Würstchen geformt. Nach und nach in kochendes Salzwasser geben und kochen, bis sie oben schwimmen. Man kann sie nach dem Abtropfen in Butter wenden oder aber in Butterschmalz in einer Pfanne recht knusprig braten.

Als Beilage eignen sich Sauerkraut, grüner Salat oder Apfelbrei.

Omas Tip

Kartoffeln sollten nie ohne Schale in gekochtem Zustand aufbewahrt werden. Gekocht und ungeschält kann man sie 2–3 Tage im Kühlschrank aufbewahren.

Schinkenkartoffeln

Zutaten *1 1/2 kg Kartoffeln*
1 Prise Salz
Fett zum Anbraten
125 g gekochter Schinken
2–3 Eier
1/2 l Sahne
Paniermehl
Butterflöckchen

Zubereitung

Die rohen Kartoffeln in Scheiben schneiden, salzen und in heißem Fett anbraten. In eine gefettete Auflaufform abwechselnd die gebratenen Kartoffelscheiben und den kleingeschnittenen Schinken schichten. Eier und Sahne darüber gießen, Paniermehl und Butterflöckchen darauf streuen und im Backofen ca. 1/2 – 3/4 Stunde backen. Man sollte darauf achten, daß die Kartoffeln gleichmäßig dick geschnitten sind, damit sie gleichzeitig gar werden.

Himmel und Erde

Diese rheinische Spezialität, die in Köln »Himmel un Ääd« heißt, hat ihren Namen von den verwendeten Hauptzutaten, den Äpfeln und den Kartoffeln. Die Äpfel wachsen nämlich im Himmel und die Kartoffeln natürlich in der Erde. So einfach ist das im Volksmund!

Zutaten *1 kg Kartoffeln*
1 kg Äpfel
Wasser
Salz
Zucker
5 EL Speckwürfel oder 2 EL Fett
1 dicke Zwiebel

Zubereitung

Kartoffeln waschen, schälen, in Stücke schneiden und in einem Topf mit Wasser zum Kochen bringen. Die Äpfel waschen, schälen, in Stücke schneiden und dazugeben. Beides zusammen garen, zerstampfen und mit Salz und Zucker abschmecken. Nach Belieben kann man den Apfel- und den Kartoffelbrei separat kochen, mischen und dann abschmecken. In dem zerlassenen Fett die in Würfel geschnittene Zwiebel goldgelb anbraten und den Kartoffel-Apfelbrei zuletzt kurz mitbraten.

Köstlich als Beilage zu gebackener Leber, gebratener Blutwurst oder zu Bratwürsten.

Speckpfannkuchen

Besonders lecker werden Pfannkuchen, wenn man statt des Weizenmehls feines Buchweizenmehl verwendet. Die kleinen Früchte des Buchweizens sind besonders reich an Stärke und pflanzlichem Eiweiß, und das aus aus ihnen produzierte Mehl ist viel bekömmlicher als das denaturierte Mehl aus dem Supermarkt.

Zutaten

4 Eier
1/2 l Mineralwasser
250 g Buchweizenmehl
1 EL Öl
1/2 Bund Schnittlauch
Butterschmalz zum Braten
200 g durchwachsener Räucherspeck
Salz
Pfeffer

Zubereitung

Die Eier schaumig schlagen, das Mineralwasser dazugießen und langsam das Mehl und das Öl unterrühren, so daß ein flüssiger, sämiger Teig entsteht. Den Schnittlauch in feine Röllchen schneiden und in den Teig geben.

Butterschmalz in der Pfanne erhitzen und den in dünne Scheiben geschnittenen Speck darin anbraten. Den Teig darüber geben und von beiden Seiten den Pfannkuchen goldbraun ausbacken.

Dazu schmeckt grüner Salat ganz hervorragend.

Gekochte Kartoffelklöße

Klöße, die aus gekochten Kartoffeln zubereitet werden, sind besonders locker und haben einen milden Geschmack. Ein großer Vorteil ist, daß man die Kartoffeln schon am Vortag kochen und durchpressen kann.

Zutaten

1 kg Kartoffeln
250 g Mehl
2 Eier
Salz
1/2 Brötchen
10 g Butter
Zwiebel
Petersilie

Zubereitung

Die Kartoffeln waschen, schälen, kochen und reiben. Aus den geriebenen Kartoffeln, Mehl, Eiern, Salz einen Kartoffelteig herstellen. Das Brötchen in Würfel schneiden und mit der kleingeschnittenen Zwiebel und der Petersilie in einer Pfanne rösten. Runde Klöße formen und die gerösteten Brotwürfel in deren Mitte drücken. Die Klöße 10 Minuten in Salzwasser, anfangs abgedeckt, später offen, ziehen lassen.

Omas Tip

Für dieses Gericht nie Frühjahrskartoffeln verwenden, diese haben noch zu wenig Stärke. Außerdem bei Knödeln immer zuerst einen Probeknödel machen, damit man den Teig eventuell nachbessern kann. Reibt man die Hände vor dem Formen mit Speiseöl ein, bleiben die Handflächen sauberer, und die Klöße erhalten eine schöne Form.

Reste von Kartoffelknödeln kann man am nächsten Tag ideal weiterverwenden, indem man sie in Scheiben schneidet und mit Zwiebeln und Gewürzen röstet.

Brot-Kartoffel-Knödel

Zutaten *150–200 g altbackenes Schwarzbrot*
etwas Milch
1 Zwiebel
1/2 Bund Petersilie
8 gekochte Kartoffeln
1 Ei
Salz
6 rohe Kartoffeln

Zubereitung

Das kleingeschnittene Brot mit kochender Milch beträufeln, so daß es gerade angefeuchtet ist. Zusammen mit der Zwiebel und der Petersilie durch den Fleischwolf drehen. Dann die gekochten, gestampften Kartoffeln, das Ei, Salz und die roh geriebenen, fest ausgedrückten Kartoffeln zu Klößen formen. Wenn die Masse zu trocken ist, gibt man etwas kochende Milch dazu. In siedendem Salzwasser kurz aufkochen und etwa 20–25 Minuten garziehen lassen.

Omas Tip

Geriebene rohe Kartoffeln gibt man in ein Küchentuch und dreht so fest, daß fast die gesamte Flüssigkeit austritt.

Kartoffelmaultaschen mit Pilzfüllung

Zutaten *350 g Kartoffeln*
30 g Butter
Salz
350 g Mehl
250 g geputzte Pilze
30 Butter
25 g Mehl
Salz
gehackte Petersilie
1 Eigelb

Zubereitung

Die am Tag zuvor gekochten Kartoffeln reiben. Die geriebenen Kartoffeln mit etwas Butter, Salz und dem nötigen Mehl mischen und durchkneten. Der Teig sollte schön elastisch sein. Den Kartoffelteig mit einem Nudelholz ausrollen und in ca. 6 x 6 cm große Rechtecke schneiden. Die geputzten, feinblättrig geschnittenen Pilze in Butter dünsten, mit Mehl bestäuben und abgedeckt mit ganz wenig Wasser weich werden lassen. (Vorsicht, Pilze ziehen meist viel Wasser!) Mit Salz und Petersilie würzen. Die gedünstete, trockene Pilzmasse auf die Rechtecke verteilen und den Teig so darüberschlagen, daß kleine Dreiecke entstehen. Mit Eigelb bestreichen und auf einem gefetteten Backblech im Backofen bei 200 °C goldgelb backen. Man kann die Maultaschen auch in eine gefettete Bratpfanne geben, mit etwas Fett bestreichen, und sobald sie zu backen beginnen, mit etwas kochender Milch übergießen, damit sie schön saftig bleiben. Als Beilage reicht man Wirsing, Sauerkraut oder Salat.

Omas Tip

Kartoffelteigränder eventuell mit Eiweiß bestreichen und dann fest verschließen. Das verhindert das Auseinanderfallen.

Quarkküchlein

Zutaten *125 g Quark*
750 g Kartoffeln
3–4 EL Mehl
Salz
Petersilie nach Geschmack
Eigelb

Zubereitung

Aus dem Quark, den geriebenen Kartoffeln, Mehl, Salz, Petersilie und dem Eigelb (soviel Eigelb, daß die Masse zusammenhält) einen Teig rühren. Aus diesem Teig handtellergroße, ganz dünne Scheiben in einer Pfanne knusprig backen.

Als Beilage paßt Sauerkraut oder grüner Salat.

Bauernessen aus der Rhön

Heute heißt die Rhön auch das »Land der offenen Ferne«. Früher wurde sie weniger dichterfreudig das »Land der armen Leute« genannt, denn auf der kargen Erde wuchs kaum etwas, Bodenschätze gab es keine, und die industrielle Entwicklung zog so gut wie unbemerkt an der Region vorbei. Und so zeichnen sich die Gerichte aus der Rhön fast immer durch eine gewisse Kargheit aus, was aber nicht heißen soll, daß sie deshalb nicht schmecken. Im Gegenteil! Folgendes Gericht beweist es nachdrücklich.

Zutaten

1 kg Kartoffeln
Salz
Backfett
150 g Quark
1 Ei
1 EL Kümmel
etwas Mager- oder Buttermilch
25 g Mehl

Zubereitung

Die rohen Kartoffeln schälen, in dicke Scheiben schneiden, salzen und in einer gefetteten Bratform im Backofen bei 200 °C braten, bis sie eine leichte Kruste haben. Den Quark streicht man währenddessen durch ein Sieb, verrührt ihn mit Ei, Kümmel, Milch, Mehl und Salz und streicht die Masse über die Kartoffeln; dann bäckt man die Speise fertig. Die Kartoffeln sind durchgebacken, wenn sich die Masse leicht hebt.

Reibekuchen

Der Reibekuchen ist ein Klassiker der rheinischen Küche. Seine Zubereitung ist zwar arbeitsintensiv, aber wirklich lohnend: Mit Schwarzbrot oder frischem Apfelmus und einem Glas Bier dazu liegt das Paradies gleich nebenan.

Zutaten *1 kg dicke Kartoffeln*
2 dicke Zwiebeln
2 EL Mehl
2 EL Paniermehl
2 Eier
Salz
Pfeffer
Muskat
Öl zum Ausbacken

Zubereitung

Dicke Kartoffeln werden in ein Sieb, das in einer großen Schüssel steht, gerieben. So läuft die Brühe direkt ab und kann nach dem Reiben in einen kleinen Topf gefüllt werden (wir brauchen noch etwas davon). Auch die dicken Zwiebeln werden dazwischengerieben und ein paar Zwiebelreste, zu Streifen geschnitten, beigemischt. In den Brei kommt das weiße Mehl und das Paniermehl zum Binden. Die Eier untermischen und mit Salz, Pfeffer und Muskat würzen. Dem Teig gibt man von der abgelaufenen Brühe noch soviel bei, daß er sich gut vermengen läßt und zäh läuft. In einer großen Pfanne Öl erhitzen und gut aufpassen, daß der fertige Teig handtellergroß, aber ganz dünn, auf keinen Fall stärker als einen halben Zentimeter, ausgebreitet ist. Die dünnen Kuchen müssen vom Öl bedeckt sein und von beiden Seiten durch und durch knusprig ausgebacken sein. So hat sie die Großmutter gebacken, und wer davon einmal gekostet hat, der mag keine fingerdicken »Kartoffelpuffer« mehr, die heute auch als Reibekuchen gelten, aber meist zu matschig und ölig sind.

Als Beilage eignen sich Schwarzbrot, frisches Apfelkompott oder auch Rübenkraut, Preiselbeeren, Tartar oder Lachs.

Omas Tip

Immer darauf achten, daß das Öl heiß genug ist, damit es nicht in die Reibekuchen eindringt. Sollte die Kartoffelmasse während des Bratens nochmals Wasser ziehen, einige Haferflocken untermischen.

Schnibbelkuchen

Der Schnibbelkuchen verdankt seinen Namen dem »Schnibbeln«, dem Kleinschneiden, und weist eine auffällige Verwandtschaft zu den Schweizer Rösti auf, was schon allein für seine Qualität spricht. Zu Omas Zeiten wurde Schnibbelkuchen vor allem mit Rüben- oder Apfelkraut serviert. Versuchen Sie es auch einmal mit einem Stück kräftigem Munster-Käse.

Zutaten

1 kg dicke Kartoffeln
1 mittelgroße Zwiebel
1 Ei
3 EL Mehl
Salz
Rüben- oder Apfelkraut

Zubereitung

Die Kartoffeln schälen, waschen und reiben. Gut auspressen! Die Zwiebel reiben oder kleinschneiden, mit Ei und Mehl unter die Kartoffeln rühren. Das Ganze mit Salz abschmecken. In eine feuerfeste, glatte Auflaufform oder einen Gußeisentopf geben.

Im vorgeheizten Backofen (untere Schiene) bei 200–220 °C etwa 60–80 Minuten backen. Mit einem Messer den Kuchen im Topf in fingerdicke Scheiben schneiden.

Mit Rübenkraut bestreichen und heiß servieren.

Schinkenknödel

Zutaten *125 g Weißbrot*
1/4 l kalte Fleischbrühe
70 g magerer, gekochter Schinken
20 g Butter
1 Ei
60 g Mehl
Mehl zum Formen
Salzwasser

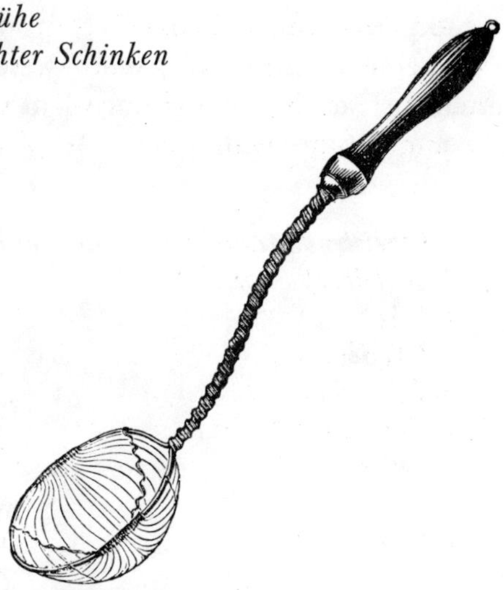

Zubereitung

Das Weißbrot in Scheibchen schneiden und in der kalten Fleischbrühe einweichen. Schinken in Würfel schneiden und goldgelb anbraten. Alle Zutaten mischen und mit Mehl Klöße formen, die man in kochendem Salzwasser 10–12 Minuten ziehen läßt.

Omas Tip

Den Schinken möglichst klein würfeln, damit der Kloß fest geformt werden kann.

Serviettenknödel

Serviettenknödel sind ein typisches »Armeleuteessen«, das ursprünglich aus Böhmen stammt und von dort den Weg nach Thüringen fand. Auch dieses Rezept ist ein schmackhafter Beleg dafür, welch leckere Dinge sich aus altem Brot zubereiten lassen, das heutzutage leider viel zu schnell in den Abfall wandert.

Zutaten *4 altbackene Milchbrote (ersatzweise 10 alte Brötchen)*
1 EL Fett
Zwiebel
Petersilie
125 g Mehl
1/4 l Milch
1–2 Eier
Salz
Muskat

Zubereitung

Das Brot oder die Brötchen in kleine Würfel schneiden und in Fett rösten. Anschließend die Zwiebel und die Petersilie in der Pfanne dünsten. Aus Mehl, Milch, Eiern, Salz und Muskat einen dünnen, glatten Teig rühren. Den Teig über die vorgerichteten Brotwürfel, die gedünsteten Zwiebeln und Petersilie geben, ca. 30 Minuten stehen lassen. Nun wird die Masse durchgeknetet und in eine gefettete Stoffserviette gebunden, wobei der Teig noch Platz zum Aufgehen haben muß. Man setzt den Kloß in kochendes Salzwasser und läßt ihn eine Stunde abgedeckt kochen. Auf einer runden Platte anrichten, mit in Butter gerösteten Zwiebeln oder Brotwürfelchen servieren.

Dazu reicht man Sauerbraten, saure Saucen und Salate.

Omas Tip

Sie können die Serviette auch über einem Holzlöffel verknoten und so in das heiße Wasser hängen, daß der Holzlöffel auf dem Topfrand ruht und der Kloß im Wasser kocht. Dadurch erspart man sich das Binden der Klöße, und der Teig hat in jedem Fall ausreichend Platz zum Aufgehen.

Polnische Quarkknödel

Zutaten *500 g Quark*
2 Eier
80–100 g Mehl
Salz
1 Prise Paprika
Semmelbrösel nach Bedarf

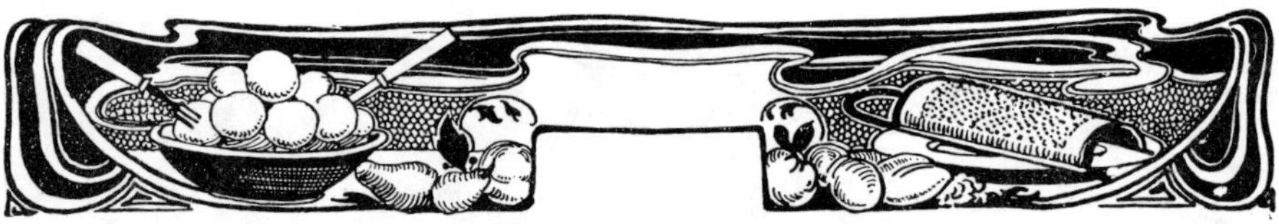

Zubereitung

Mit dem durchgestrichenen Quark, den Eiern, Mehl, Salz und Paprika einen Teig rühren und eigroße Knödel formen. Die Knödel in Semmelbrösel wälzen, in kochendes Salzwasser legen, bis sie schwimmen und anschließend abtropfen lassen. Nach Belieben mit geschmälzten Zwiebeln anrichten. Als Beilage reicht man Sauerkraut.

Omas Tip

Knödel werden schön glänzend, wenn man 2 Teelöffel Speisestärke ins Kochwasser gibt.

Quarknudeln

Zutaten *250 g Kartoffeln*
250 g Quark
150 g Mehl
1 Ei
Salz
nach Belieben gedämpfte Zwiebeln und Petersilie
Butterschmalz

Zubereitung

Kartoffeln waschen, schälen, kochen und durchdrücken. Dann kalt stellen. Sämtliche Zutaten möglichst rasch zu einem Teig verarbeiten und auf einem bemehlten Brett fingerdicke Nudeln formen und diese in der Pfanne mit Fett goldbraun braten.

Beilagen wie Obst, Salat oder Gemüse passen sehr gut.

Bratkartoffeln mit Speck

Ausgebratener Speck sorgt nicht nur bei vielen Gerichten für den guten Geschmack, sondern »hält auch lange vor«, das heißt, er sättigt für lange Zeit. So war dieses Gericht mit den Kartoffeln als Lieferanten von Kohlehydraten besonders zur Erntezeit ein fester Bestandteil bäuerlicher Speisepläne, wenn für die harte Arbeit auf den Feldern viele Kalorien benötigt wurden.

Zutaten *1 kg Pellkartoffeln*
Öl oder Butter
Salz
Pfeffer
200 g durchwachsener Speck
1 Gemüsezwiebel

Zubereitung

Die Pellkartoffeln in Scheiben schneiden und in einer Mischung aus Butter und Öl in einer gußeisernen Pfanne braten. Mit Salz und Pfeffer würzen. In einer separaten Pfanne den gewürfelten Speck auslassen und die gehackten Zwiebeln dazugeben. Den Inhalt dieser Pfanne über die Kartoffeln gießen und noch einmal kurz durchschwenken.

Ideale Beilage sind Koteletts oder einfach ein Rührei und ein schöner Salat.

Omas Tip

Man kann auch gut Rapsöl verwenden. Es ist preiswert und verleiht den Kartoffeln ein rauchiges Aroma – wie zu Omas Zeiten.

Saure Kartoffeln nach Großmutterart

Zutaten *2 EL Butter*
150 g Speck
2 große Zwiebeln
30 g Mehl
1 l Wasser
175 g Kondensmilch oder Sahne
2 Lorbeerblätter
Salz
Pfeffer
Maggi
Weinessig
2 Eigelb
750 g Kartoffeln

Zubereitung

Butter und Speck auslassen. Die Zwiebeln würfeln und mit anbräunen. Mit dem Mehl bestäuben, bis eine Schwitze entsteht und mit dem Wasser ablöschen. Kondensmilch oder Sahne unterziehen und die Hitze reduzieren. Die Lorbeerblätter beigeben und mit Salz, Pfeffer (evtl. Maggi) würzen. Weinessig nach Bedarf einrühren und etwa 30 Minuten bei kleinster Hitze kochen. 2 Eidotter mit dem Schneebesen unterheben. Jetzt darf die Sauce nicht mehr kochen, weil sie sonst gerinnt! Die Kartoffeln kochen, in Scheiben oder große Würfel schneiden, dann in die Sauce geben und vorsichtig umrühren; dabei heiß werden lassen.

Dazu passen am besten Mettwürstchen oder geräucherter Bauchspeck.

Topfkuchen

Der Topfkuchen ist von der Zubereitung und dem Geschmack her dem Reibekuchen sehr ähnlich. Allerdings braucht man nicht soviel Zeit zum Braten, und man kann schön gemeinsam essen.

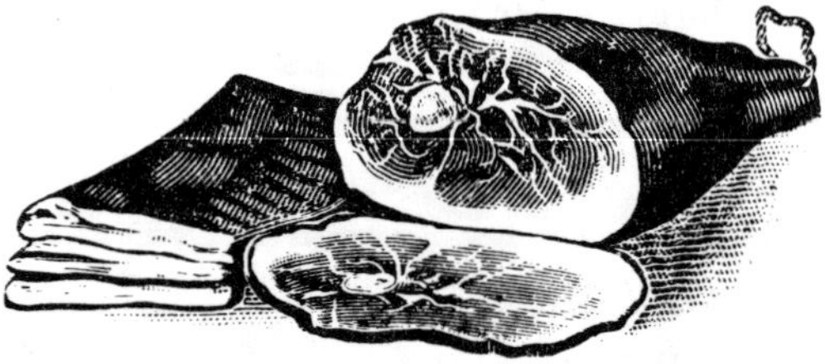

Zutaten *3 große Zwiebeln*
3 kg Kartoffeln
5 Eier
1 TL Salz
Pfeffer
4–5 EL Mehl
6 Scheiben Räucherspeck
750 g frische Bratwurst (evtl. vorher ganz kurz anbraten)
1 Handvoll Trockenpflaumen (zuvor in Wasser eingeweicht)
etwas Öl

Zubereitung

Die Zwiebeln hacken und in eine große Schüssel geben. Kartoffeln fein dazureiben. Die Eier dazugeben und alles durchrühren. Anschließend Mehl sowie Salz und Pfeffer hinzufügen. Ein großer Topf oder Bräter wird mit Öl eingepinselt. Den Boden mit den Speckscheiben auslegen und etwa ein Drittel des Kartoffelteigs in die Form füllen. Darauf wird dann eine Lage Bratwurst verteilt sowie ein paar Pflaumen. Das wiederholt man so lange, bis alle Zutaten aufgebraucht sind.

Im vorgeheizten Backofen bei 220 °C mindestens 90 Minuten backen, bis eine goldbraune Kruste entstanden ist.

Kartoffel-Möhrenpüree

Normalerweise wird dieses Püree mit Milch angemacht, aber leckerer wird es mit der fetthaltigeren Sahne. Zu Omas Zeiten pflegte man zu sagen: »Wo man nichts rein tut, kommt auch nichts heraus!«

Zutaten

500 g Möhren
500 g Kartoffeln
1 l Gemüsebrühe
Salz
Pfeffer
Muskat
1 Becher Sahne
Butter
Petersilie

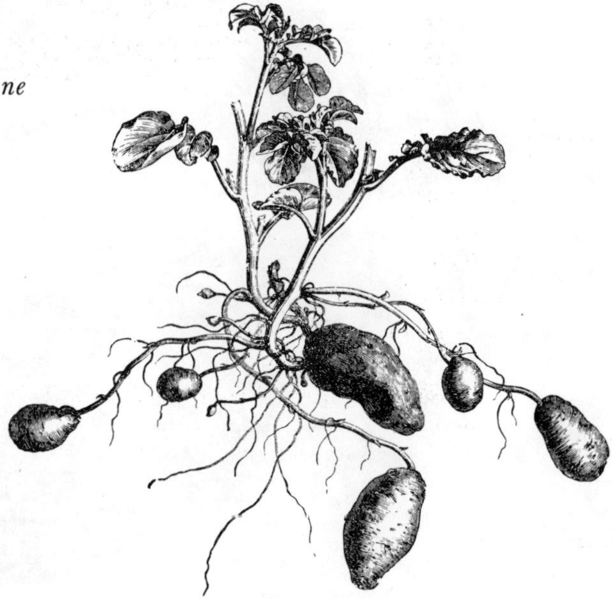

Zubereitung

Möhren und Kartoffeln schälen und in gleich große Stücke schneiden. In 1 Liter Brühe weichkochen und anschließend in ein Sieb abgießen. Im selben Topf die Sahne erhitzen, Salz, Pfeffer und Muskat zugeben und das Gemüse in der Sahne zerstampfen. Dann großzügig Butter untermengen und zum Schluß die gehackte Petersilie beifügen.

Bratwurst oder Frikadellen passen gut dazu. Man kann auch zum Gemüse nur scharfen Senf essen.

Semmelknödel

Es gibt wohl zahllose Varianten für die Herstellung »echter« bayrischer oder Münchner Semmelknödel. Hier ein Grundrezept, das schon seit Generationen beliebt ist.

Zutaten *10 alte oder altbackene Semmeln*
1/2 l Milch
2–3 Eier
1 kräftige Prise Salz
1 mittelgroße Zwiebel
2 EL Butter
Pfeffer nach Geschmack
2–3 EL Majoran
eventuell etwas Milch
2–3 EL Weizenmehl

Zubereitung

Die Semmeln kleinschneiden, die kalte Milch mit den Eiern verrühren und etwas Salz hinzugeben. Anschließend die Flüssigkeit über die geschnittenen Semmeln gießen und mit einem Holzlöffel unterrühren. Gleichzeitig kann man schon einmal das Wasser in einem großen Topf aufsetzen.

Die Zwiebel wird kleingeschnitten und mit der Butter in einer Pfanne angedünstet. Man läßt sie etwas erkalten, gibt Majoran dazu (den man auch, falls man ihn nicht mag, weglassen kann) und gibt sie zu der Semmelmasse. Alles wird nun mit den Händen gut verknetet, wobei man, wenn die Masse zu trocken ist, noch etwas Milch nachgießen kann. Man läßt den Teig ca. 10 Minuten ziehen und formt dann schöne, nicht zu große, runde Knödel daraus.

Man wälzt die Knödel auf einem mit Mehl bestreuten Holzbrett. Dadurch erhalten sie einen schönen Glanz. Die Knödel werden ins heiße, nicht kochende Wasser gelegt, worin man sie ziehen läßt. Sie müssen im Wasser ausreichend Platz haben, weil sie noch um etwa die Hälfte aufgehen. Auch sollte man gut aufpassen, daß sie nicht am Topfboden festkleben. Je nach Größe müssen die Knödel ca. 15–25 Minuten ziehen. Vor dem Servieren sollte man in jedem Fall eine Kostprobe machen, ob sie auch wirklich gar sind.

Omas Tip

Befeuchten Sie ihre Hände vor dem Knödelformen etwas, dann klebt der Teig nicht so sehr fest! Wenn Sie ganz sicher sein wollen, daß der Teig hält, kochen Sie zuerst einen Probeknödel!

Pellkartoffeln mit Kräuterquark und Zwiebeln

Zutaten
1 kg Kartoffeln
Salz
2 kleine Schalotten
1 Bund Schnittlauch
1/2 Bund Petersilie
4 Eier, hartgekocht
500 g Quark, Magerstufe
125 ml Joghurt
2 EL Olivenöl
1 Tasse Milch
Salz
Pfeffer aus der Mühle
2 Knoblauchzehen

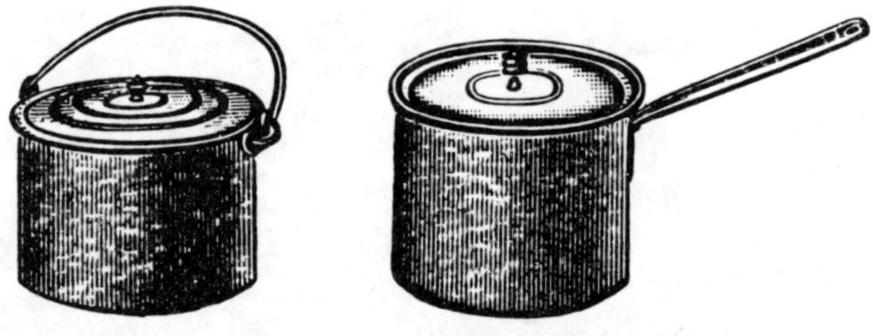

Zubereitung

Die Kartoffeln gut waschen und mit Schale in Salzwasser kochen. Die Schalotten, den Schnittlauch und die Petersilie sehr klein hacken. Die Eier hartkochen, abkühlen lassen und in feine Stücke schneiden. Den Quark mit dem Joghurt, dem Öl und etwas Milch zu einer sämigen Masse anrühren, mit Salz und Pfeffer abschmecken. Die feingehackten Zutaten dazugeben und alles gut verrühren. Die beiden Knoblauchzehen durch eine Presse drücken. Die Kartoffeln mit der Sauce servieren. Wer mag, kann die Kartoffeln auch mit Schale reichen.

Omas Tip

Damit Pellkartoffeln schneller gar werden, sollte man sie vor dem Kochen mehrmals mit einer Gabel einstechen. Anschließend kurz mit kaltem Wasser abschrecken, so lassen sich die Schalen leichter abziehen.

Kapitel 6

Saucen und Dips

Grundsauce

Zutaten *1 Zwiebel*
50 g Butter
50 g Mehl
3/4 l Gemüsebrühe
Salz
Pfeffer

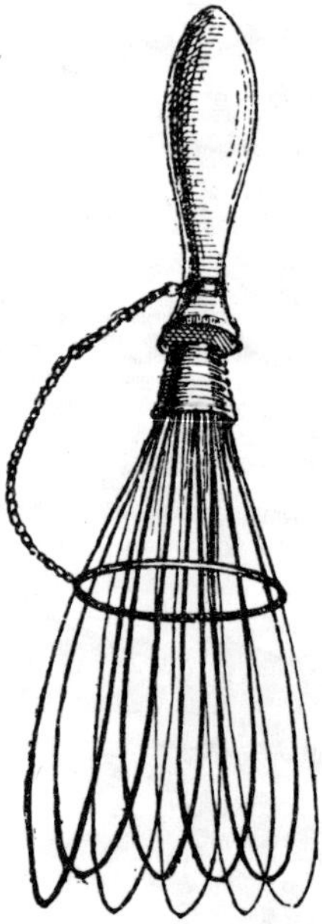

Zubereitung

Die Zwiebel fein schneiden und in zerlassener Butter anschwitzen. Mehl dazugeben und im Fett hell anlaufen lassen. Mit der Brühe unter kräftigem Rühren ablöschen, würzen und auskochen lassen.

Omas Tip

Hier wird durch die Dauer der Mehlschwitze entschieden, ob es eine helle, braune oder dunkelbraune Sauce werden soll. Außerdem ist es wichtig, die Sauce gut auskochen zu lassen, damit kein Mehlgeschmack das Aroma der Sauce überdeckt.

Tomatensauce

Zutaten *1/2 Zwiebel*
30 g Butter
etwa 40 g Mehl
500 g sehr reife Tomaten
1/2 l Brühe
Salz
Zucker
1 TL Zitronensaft
1 EL Zitronenschale oder Essig

Zubereitung

Die Zwiebeln in heißem Fett andünsten, Mehl dazu geben und hell anschwitzen, gehäutete und zerkleinerte Tomaten hineingeben, alles gut durchrühren und nach Bedarf mit Brühe auffüllen und würzen. Vor dem Anrichten durch ein Sieb passieren. Für Tomatensuppe verwendet man die gleichen Zutaten in entsprechender Erweiterung. Wer den Geschmack milder haben möchte, läßt den Zitronensaft weg und nimmt nur die Schale und gießt etwas Milch dazu.

Omas Tip

Tomatensauce hält sich nicht lange, deshalb sollte man sie besser sofort verwenden. Sollte die Saucen zu farblos sein, kann man sie entweder etwas einkochen lassen oder aber ein wenig Tomatenmark unterrühren. Schmeckt sie zu säuerlich, rührt man eine gute Prise Zucker ein.

Senfsauce

Zutaten *40 g Butter*
40 g Mehl
1/2 l Brühe
etwas Zitronensaft oder Essig
1–2 EL Senf nach Geschmack
etwas Zucker
Salz
Pfeffer

Zubereitung

Aus den angegebenen Zutaten eine helle Grundsauce bereiten und nach dem Durchkochen mit Zitronensaft oder Essig, Senf, Zucker, Salz und Pfeffer abschmecken.

Omas Tip

Die Sauce kann mit etwas Muskat noch würziger werden, auch mit getrockneter, zerriebener Zitronenmelisse kann man sie verfeinern.

Petersiliensauce

Zutaten *40 g Butter*
40 g Mehl
1 Bund Petersilie, gehackt
1/2 l Gemüsebrühe
Salz
Zitronensaft

Zubereitung

Butter auslassen und das Mehl hell anschwitzen. Etwas Petersilie mitdünsten und mit der Brühe ablöschen, würzen und die übrige Petersilie zuletzt dazugeben.

Kräutersaucen aller Art (wie Dill-, Estragon-, Borretsch- und Kerbelsauce) werden wie oben angegeben zubereitet. Die Saucen eignen sich als Beilagen zu Rindfleisch, Fisch und Kartoffelspeisen.

Kräutersuppen werden auf die gleiche Weise zubereitet. Man kann diese dann mit Eigelb legieren oder mit Milch anrühren und mit entsprechend mehr Brühe flüssiger machen.

Omas Tip

Omas Küche war immer auch eine Vorratsküche. Damit man immer genug Brühe hat, empfiehlt es sich, eine große Menge zu kochen und diese dann anschließend in Marmeladengläser zu füllen und einzufrieren. Dabei in den Gläsern genügend Platz lassen, damit sich die Flüssigkeit ausdehnen kann.

Frühlingssauce

Zutaten

40 g Mehl
1/8 l Gemüsebrühe
125 g frischer Quark
2 EL Öl
1 hartgekochtes Ei
Salz
1 Prise Zucker
etwas Essig
2 EL gewiegte Kräuter (am besten gemischt aus Petersilie, Schnittlauch, Kerbel und Estragon)

Zubereitung

Das Mehl mit etwas Brühe glattrühren, dann im Topf erhitzen und die restliche Brühe angießen, erkalten lassen und mit durchgestrichenem Quark, Öl und zerdrücktem Ei verrühren. Die Sauce würzen und mit gewiegten Kräutern mischen. Die Sauce wird kalt gegessen. Sie paßt vorzüglich zu Fisch, warmem und kaltem Rindfleisch, Lammfleisch, heißen Kartoffeln oder zu gekochtem Blumenkohl.

Béchamelsauce

Louis de Béchamel, Marquis de Nointel, war Haushofmeister am Hofe des Sonnenkönigs Ludwig XIV. Einer der Hofköche widmete ihm diese Sauce, durch die er, zumindest in kulinarischer Hinsicht, unsterblich wurde.

Zutaten

40 g Butter
1/2 Zwiebel
40 g Schinken
40 g Mehl
1/4 l Brühe
1/4 l Milch oder Sahne
Salz
Pfeffer
1/2 Lorbeerblatt
40 g Käse, gerieben

Zubereitung

In dem zerlassenen Fett dünstet man die feingeschnittene Zwiebel, den feingeschnittenen Schinken und das Mehl hellgelb und löscht es mit der Brühe und der Milch oder der Sahne ab. Die Gewürze und den Käse dazugeben und die Sauce nun langsam durchkochen. Vor dem Anrichten durch ein Sieb seihen. Sollte die Sauce zu dick sein, kann man sie mit etwas Brühe verdünnen.

Omas Tip

Käsesaucen dürfen niemals kochen, weil sie sonst gerinnen. Außerdem dürfen sie erst nach dem Schmelzvorgang gewürzt werden, da der Käse selbst etwas Salz enthält. Béchamelsaucen kann man mit Zitronensaft verfeinern, oder man legiert die Sauce mit einem Eigelb.

Die Béchamelsauce ist eine ideale Grundlage für alle hellen Saucen oder Suppen.

Biersauce

Zutaten *40 g Mehl*
40 g Butter
1/8 l Bier
1/4 l Fischbrühe
1/8 l Gemüsebrühe
Salz
Zucker

Zubereitung

Das Mehl in dem Fett anrösten, mit Bier und Fisch- und Gemüsebrühe auffüllen, würzen und auskochen. Biersauce paßt besonders gut zu gekochtem Fisch.

Meerrettichdip

Zutaten *3 große, süße Äpfel*
15 g Zucker
1/8 l Weißwein oder Apfelsaft
2 EL Essig
1/2 Stange Meerrettich

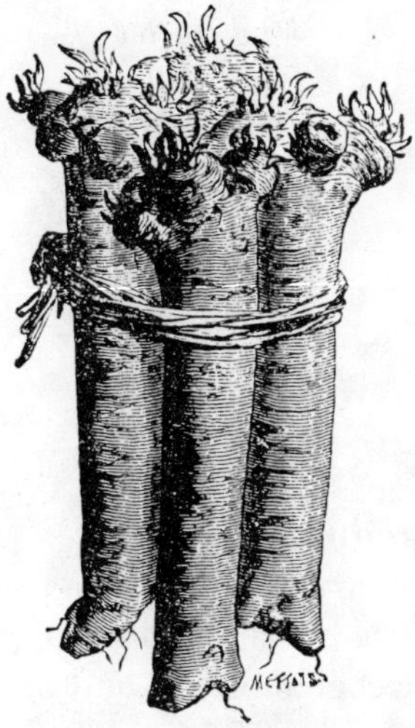

Zubereitung

Die Äpfel schälen, reiben, sofort mit Zucker und den übrigen Zutaten vermischen, damit sie nicht braun werden, zuletzt den Meerrettich reiben und sofort unterheben. Kalt stellen und bald servieren. Schmeckt sehr lecker zu Kochfisch.

Omas Tip

Die Meerettichwurzel muß beim Einkauf fest sein, erst kurz vor der Verwendung schälen und reiben und sofort verarbeiten, da das Aroma schnell verfliegt.

Pilzsauce

Zutaten

100 g Pilze
40 g Butter
1 Zwiebel
40 g Mehl
1/2 l Brühe
Salz
Pfeffer
Petersilie

Zubereitung

Die Pilze putzen und klein schneiden. Die Butter auslasssen, kleingeschnittene Zwiebel anbraten und das Mehl anschwitzen lassen, mit Brühe ablöschen und die Pilze 15 Minuten mitkochen lassen. Salzen und Pfeffern. Zuletzt die gehackte Petersilie zugeben.

Omas Tip

Natürlich hat die Oma die Pilze im Herbst selbst gesammelt, aber davor muß man heute warnen. Kaum einer kennt sie noch, die vielfältigen Speisepilze des Waldes.

Achten Sie beim Einkauf darauf, daß die Pilze fest und saftig sind und keine trockenen Stilenden haben.

Pilzsauce kann man mit einem Schuß Zitronensaft oder Weißwein verfeinern.

Champignons kann man mit einem Eierschneider in feine Streifen schneiden.

Geschlagene Buttersauce

Zutaten *50 g Butter*
20 g Mehl
1–2 Eigelb
Salz
Muskat
Zitronensaft
1/4 l Fleisch- oder Gemüsebrühe

Zubereitung

Die Butter in einer kleinen Kasserolle auslassen. Mehl, Eigelb, Gewürze und die kalte Brühe dazugeben und im heißem Wasserbad so lange schlagen, bis sie dicklich wird. Nun die Sauce je nach Verwendung noch mit Fleischbrühe, Gemüsebrühe oder Fischsud verdünnen und sofort servieren. Sie schmeckt besonders gut zu Spargel, Blumenkohl und Fisch.

Omas Tip

Anstelle eines Wasserbades kann die Sauce auch auf einem E-Herd bei kleinster Flamme aufgeschlagen werden. Sie müssen nur darauf achten, daß die Hitze nicht zu stark wird, d. h. den Topf immer mal wieder kurz von der Herdplatte ziehen.

Falls die Sauce doch einmal zu heiß geworden ist, sollten Sie schnell ein paar Tropfen eiskaltes Wasser unterschlagen oder einen Eiswürfel unterrühren. Die Sauce kann übrigens gut im Wasserbad warm gehalten werden.

Sauce Hollandaise

Aus dieser Buttersauce lassen sich schnell weitere Saucen machen, z. B. Cocktail- oder Fonduesaucen durch Zugabe von Cognac, Worcestersauce, Zucker und Salz. Allerdings darf dies nur in kaltem Zustand geschehen.

Zutaten *30 g Mehl*
2–3 Eigelbe
1/4 l Fleischbrühe, Fisch- oder Gemüsebrühe
60 g Butter
Salz
Pfeffer
etwas Zucker
Zitronensaft
Weißwein
etwas Sahne

Zubereitung

Das Mehl wird mit 1/4 Liter der kalten Flüssigkeit in einem kleinen Topf glatt angerührt, die Eigelbe zugeben. Die Butter dann in kleinen Stückchen in kaltes Wasser schneiden. Kurz vor dem Gebrauch schlägt man die Sauce bei niedriger Temperatur im Topf oder besser noch im Wasserbad, bis sie dick zu werden beginnt. Dann schlagen Sie die Butterflöckchen eins nach dem anderen hinein, schmecken die Sauce ab und servieren sie sofort.

Mayonnaise

Nichts ist einfacher und schmackhafter als selbstgemachte Mayonnaise. Ihren Namen verdankt die Mayonnaise der Hafenstadt Mahón auf Menorca.

Zutaten *1 hartgekochtes Eigelb*
Pflanzenöl nach Bedarf
1 rohes Eigelb
Saft einer 1/2 Zitrone
1 Schuß Essig
Salz
Pfeffer
etwas Senf nach Geschmack

Zubereitung

Das hartgekochte Eigelb fein schaben (mit dem Messer auf einem Brettchen zerdrücken), dann mit etwas Öl anrühren, das rohe Eigelb und den Zitronensaft dazugeben und ständig rühren. Nach etwa 2 bis 3 Minuten wird die Eiermasse dicklich; nun langsam die nötige Menge Öl darangeben, den Essig aber erst ganz zuletzt zufügen. Nach der Zugabe von Essig wird die Mayonnaise dünner. Gut mit Gewürz abschmecken.

Zum Strecken der Mayonnaise verwendet man ausgekochte, abgekühlte Grundsauce, die man für diesen Fall mit Öl (statt Fett) bereitet. Sie eignet sich zum Binden aller Gemüsesalate usw.; zum Füllen roher Gemüse und, entsprechend verdünnt, mit dem gehackten Eiweiß vermischt zu Fisch.

Omas Tip

Man sollte beachten, daß beim Schlagen der Mayonnaise alle Zutaten Zimmertemperatur haben, da die Mayonnaise ansonsten nicht bindet bzw. gerinnt. Ist sie geronnen, sofort 1 Eigelb unterschlagen oder tröpfchenweise 1 Eßlöffel Kondensmilch unterrühren.

Remouladensauce

Zutaten

1 hartgekochtes Eigelb
Öl nach Bedarf
1 rohes Eigelb
Saft einer 1/2 Zitrone
1 Schuß Essig
Salz
Pfeffer
etwas Senf nach Geschmack
feingewiegte Essiggurken
1 kleingeschnittenes, hartgekochtes Ei

Zubereitung

Das harte Eigelb fein schaben (mit dem Messer auf einem Brettchen zerdrücken), dann mit etwas Öl anrühren, das rohe Eigelb und Zitronensaft dazugeben und ständig rühren. Nach etwa 2 bis 3 Minuten wird die Eiermasse dicklich, dann gibt man langsam die nötige Menge Öl dazu, den Essig aber erst ganz zuletzt. Die Mayonnaise mit den feingewiegten Essiggurken und dem feingeschnittenen, hartgekochten Ei abschmecken.

Cumberlandsauce

Diese Johannisbeersauce wurde von einem Küchenmeister am Hofe von Hannover entwickelt, der sie dem Herzog von Cumberland widmete.

Zutaten *4–5 EL Johannisbeergelee*
1/8 l Rotwein
1 TL Senf
1 EL geriebener Meerrettich
Saft von 1 Orange oder 1 Löffel Orangenmarmelade
1–2 TL durchgestrichene Preiselbeermarmelade (oder -gelee)
Salz
Pfeffer

Zubereitung

Alle Zutaten gut rühren und sorgfältig abschmecken. Die Cumberlandsauce paßt vorzüglich zu Wild, Rinderbraten und besonders zu kaltem Fleisch.

Kapitel 7

Fisch

Gebackener Fisch

Zutaten

1 kg Fischfilet
Salz
Zitronensaft
etwa 60 g Mehl
etwas Wasser
1 Teller Semmelbrösel
Backfett

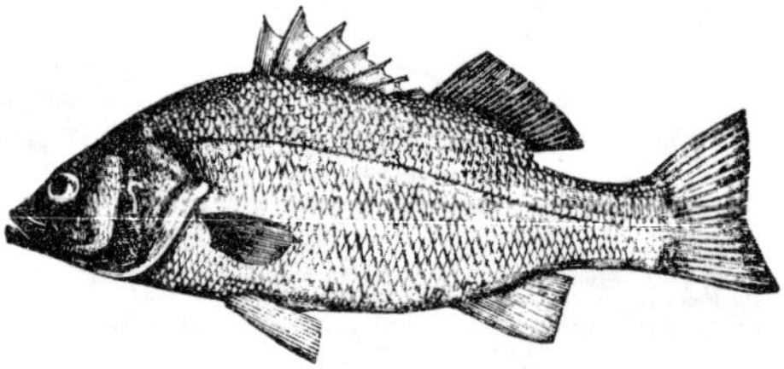

Zubereitung

Den Fisch säubern, salzen, mit Zitronensaft einreiben und eine Weile stehen lassen. Einen Mehlteig aus Mehl, Wasser und Zitronensaft anrühren und den Fisch erst in dem Mehlteig, dann in den Bröseln wenden. In einer Pfanne Fett auslassen, heiß werden lassen und den Fisch darin backen. Mit Zitronenvierteln anrichten. Als Beilage reicht man Kartoffelsalat oder andere Salate. Auch Gemüse wie Spinat oder Wirsing schmeckt vorzüglich dazu.

Omas Tip

Am besten sollte man ganze Fische kaufen. Hier erkennt man einfacher, ob die Ware frisch ist. Besonders sollte man auf klare Augen und glänzende Schuppen achten. Außerdem muß eine Druckstelle sofort wieder verschwinden.

Damit der Fisch nicht in der Pfanne kleben bleibt, sollte man erst die Pfanne erwärmen und dann das Öl oder Pflanzenfett zugeben. Butter eignet sich nicht zum Backen von Fisch. Sie wird sofort schwarz und schmeckt bitter. Die Butter erst nach dem Abgießen des Bratfetts dazugeben, dann verfeinert sie den Geschmack.

Gebratener Fisch

Zutaten *1 1/4–1 1/2 kg Seelachs, Schellfisch oder Kabeljau*
Salz
Zitronensaft
80–125 g Speck zum Spicken
1 EL Senf
2 große Zwiebeln in Scheiben
50 g geriebener Käse
20–40 g Butter
1/4 l saure Sahne oder Buttermilch

Zubereitung

Den Fisch waschen, von Kopf, Schwanz und Flossen befreien, einsalzen und mit Zitronensaft innen und außen beträufeln. Einige Minuten ziehen lassen.

In der Zwischenzeit wird der Speck in knapp 1 cm breite und 4–5 cm lange Streifen geschnitten, die in den abgetrockneten Fisch eingezogen werden. Dazu den Fisch der Länge nach zweimal einschneiden und die Speckstreifen einziehen.

Den Fisch in eine Bratpfanne geben, mit Senf bestreichen, reichlich mit Zwiebelscheiben belegen und mit geriebenem Käse bestreuen. Zum Schluß mit zerlassener Butter übergießen und in den Backofen schieben. Bei etwa 200 °C backen. Etwa 10 Minuten vor dem Anrichten den Fisch mit saurer Sahne übergießen.

Omas Tip

Zum Entschuppen den Fisch unter Wasser halten und mit einem Messer vorsichtig gegen die Schuppen streichen.

Schwedischer Milchfisch

Zutaten *1 kg Kabeljau*
Salz
Essig
1/8–1/4 l Buttermilch
etwas Backfett
gehackte, frische Kräuter

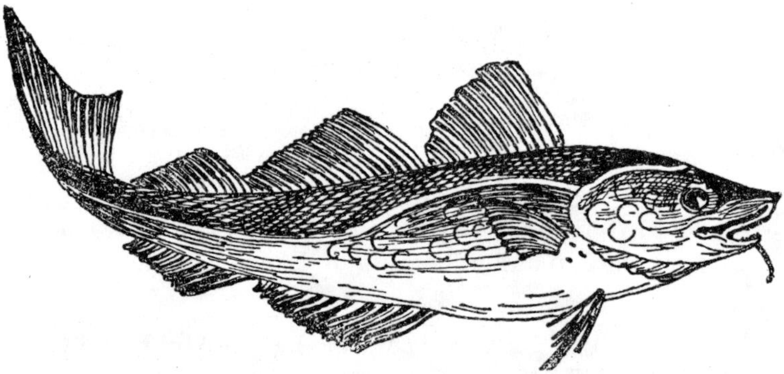

Zubereitung

Den Fisch putzen, salzen und mit Essig besprengen. In einer gefetteten Form eine 15 Minuten im 200 °C heißen Backofen braten und öfters mit dem sich bildenden Saft übergießen. Dann mit erhitzter, stark gequirlter Buttermilch übergießen, daß sie daumendick im Gefäß steht. Den Fisch braten, bis die Milch sich bräunt. Zum Schluß mit den gewiegten Kräutern bestreuen und anrichten.

Omas Tip

In Omas Küche wurden die Fische immer mit Zitrone eingerieben, um den starken Geruch zu vermeiden.

Gekochter Fisch

Zutaten *1 kg Schellfisch*
Salz
1/2 Zitrone
1 Lorbeerblatt
1 Zwiebel
Suppengemüse
2–3 EL Essig

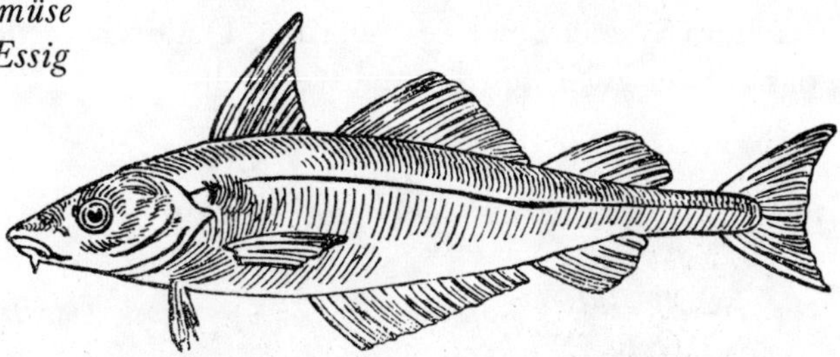

Zubereitung

Den Fisch schuppen, ausnehmen, die Kiemen entfernen, Schwanz und Flossen stutzen und mit Salz und Zitronensaft einreiben. Gewürze und Suppengemüse mit Wasser auffüllen, und ca. 30 Minuten kochen lassen. Den Topf vom Herd nehmen und den Fisch in den Sud legen, wobei der Fisch vollständig darin liegen muß. Etwa 10 Minuten ziehen lassen, bis sich die Haut ablöst.

Den Fisch auf einer Platte mit Zitronenscheiben und Petersilie anrichten.

Omas Tip

Fisch immer erst kurz vor dem Kochen oder Braten salzen, da er sonst austrocknet. Ebenso nie auf ein Holzbrett legen. Auch das Holz entzieht dem Fisch Flüssigkeit.

Gekochter Stockfisch

Stockfisch war noch zu Omas Zeiten ein traditionelles Fastengericht. Es handelt sich dabei um einen an der frischen Luft auf Stockgerüsten getrockneten ungesalzenen Seefisch, wie zum Beispiel Schellfisch, Kabeljau oder Seelachs. Seit es die Möglichkeit der Tiefkühlkonservierung gibt, hat man den Stockfisch nahezu vergessen. Stockfisch muß mindestens 12, besser noch 24 Stunden in kaltem Wasser gewässert werden. Dadurch verdoppelt sich das Volumen; das Wasser zwei- bis dreimal wechseln.

Zutaten *1 kg gewässerter Stockfisch*
Salz
20 g Butter
1 große Zwiebel

Zubereitung

Den Fisch mit kaltem Wasser aufsetzen, zum Kochen bringen, etwas salzen und etwa 1 Stunde langsam kochen lassen. Danach auf einer Platte anrichten, Haut und Gräten entfernen, die feingeschnittenen, in der Butter goldgelb gerösteten Zwiebeln darüber gießen und servieren.

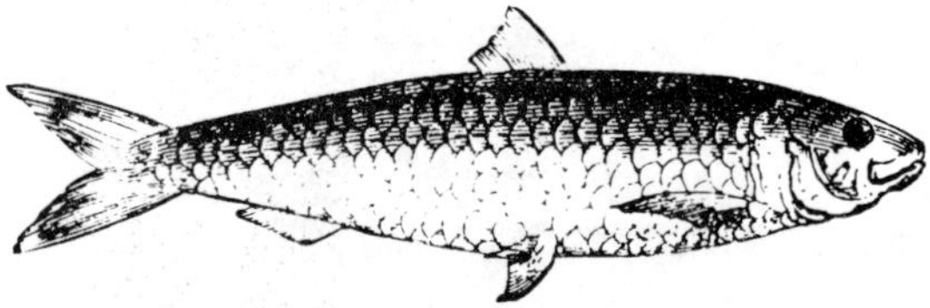

Hering in Quarktunke

Dieses Rezept ist ein klassisches Gericht aus alten Zeiten für Freitage, an denen früher traditionell kein Fleisch, sondern Fisch gegessen wurde, genauso wie während der Fastenzeit von Aschermittwoch bis Karfreitag.

Der Hering wurde früher auch der »Speisefisch des armen Mannes« genannt. Schon früh entdeckte man das Verfahren, Hering durch Einsalzen zu konservieren, so daß er seinen Siegeszug auch im Binnenland antreten konnte.

Zutaten

150 g Quark
1/8 l Milch
1–2 Äpfel
1 Gewürzgurke, gehackt
1 kleine Zwiebel
4–6 Heringsfilets von Matjes- oder Salzheringen

Zubereitung

Den Quark mit etwas Milch zu einer dicken Sauce glattrühren. Die in Würfel geschnittenen Äpfel, die Gewürzgurke und die gehackte Zwiebel untermischen. Die Heringsfilets in die Sauce legen und etwas ziehen lassen. Dazu Pellkartoffeln reichen.

Omas Tip

Falls die Äpfel zu hart oder zu säuerlich schmecken, blanchiert man die Apfelscheiben in Weißwein mit wenig Zucker und gibt die abgekühlten Scheiben dann zur Tunke.

Rollmops in Buttermilch

Beim Rollmops handelt es sich um eine um Gurke und Zwiebelscheibe gewickelte Heringshälfte, die in Essig mariniert und mit einem Holzstäbchen zusammengehalten wird. Das hier vorgestellte uralte Rezept wird mit Milchnerheringen zubereitet, das sind solche, die noch ihr Sperma, die sogenannte Heringsmilch, enthalten. Fragen Sie Ihren Fischhändler, er kennt sich aus.

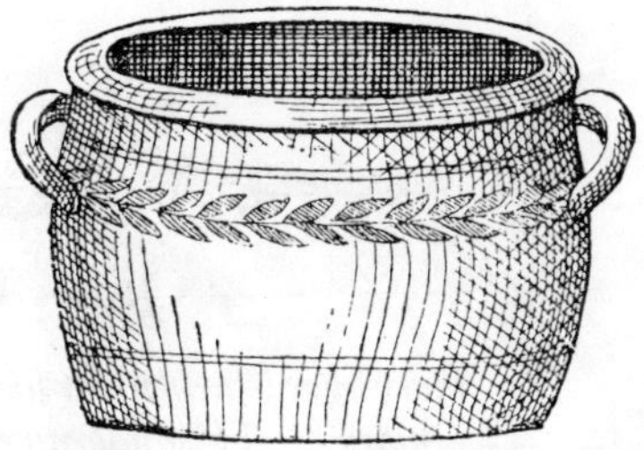

Zutaten

6 Salzheringe (Milchnerheringe)
1 l Buttermilch
2 EL französischer Senf
2 große Zwiebeln
2 Gewürzgurken
2 EL Senfkörner
2 Lorbeerblätter

Zubereitung

Nach dem Ausnehmen der Fische verquirlt man die durchs Sieb gestrichene Heringsmilch mit Buttermilch. Die Heringe werden gewaschen, gehäutet, der Länge nach geteilt, so gut wie möglich entgrätet und erneut gewaschen, aber nicht gewässert. Dann legt man die Stücke bereit, Grätenseite nach oben, bestreicht die Heringe mit Senf, belegt sie mit Zwiebelringen, mit je 1 Stück

Gurke, einigen Senfkörnern und rollt sie zusammen. Man bindet die Heringe entweder mit einem Faden oder sticht Hölzchen hindurch.

Man schichtet die Heringe in eine Porzellanschale und gießt die Buttermilch mit den Resten der Zwiebel, Gurken, Senfkörner und Lorbeerblätter darüber. Kühl aufbewahren. Jeden Tag ein wenig schütteln. Nach drei Tagen sind die Heringe gut. Dazu reicht man Pellkartoffeln.

Omas Tip

Heringsmilch ist nicht flüssig, wie der Name erwarten läßt, sondern cremig weich.

Sie wird meist für Saucen verwendet, kann aber auch in Butter gebraten und mit Zitrone gewürzt werden.

Matjes in Eiermarinade

Zutaten *350 g Matjes*
2 Zwiebeln
4 Gewürzgurken
4 Tomaten
5 hartgekochte Eier
2 EL Öl
Essig
bunter Pfeffer aus der Mühle

Zubereitung

Die Matjesstreifen in der Länge teilen und in 3 cm dicke Stücke schneiden. Zwiebeln und Gewürzgurken würfeln, die Tomaten kleinschneiden. Für die Marinade die hartgekochten Eier kleinschneiden und mit 2 EL Öl und Essig mit einer Gabel kneten. Unter den Matjessalat heben, bunten Pfeffer darübermahlen und kalt servieren.

Karpfen Greizer Art

Seit altersher ist der Karpfen ein beliebtes Gericht zur Weihnachts- und Neujahrszeit. Die besten Karpfen haben ein Gewicht von 1–2 Kilogramm, das sie mit etwa 3 Jahren erreichen. Dabei können diese Allesfresser bis zu 30 Kilogramm schwer werden.

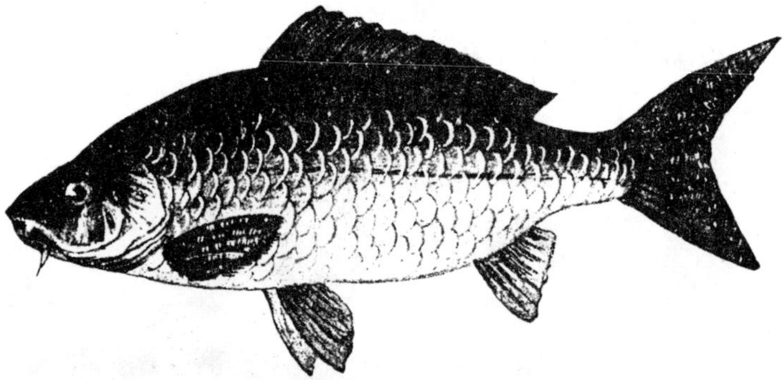

Zutaten
1 kg Karpfen
Salz
1/2 Zitrone
50 g Fett
10 Sardellen
1 große Zwiebel
Petersilie
Zitronenscheiben

Zubereitung

Der geputzte Karpfen wird in Portionsstücke geteilt, gesalzen, mit Zitrone gesäuert und etwa 1 Stunde beiseite gestellt. In einer gut schließenden Pfanne Fett auslassen, heiß werden lassen und die Karpfenstücke hineinlegen. Die kleingeschnittenen Sardellen, die feingehackte Zwiebel und Petersilie darüberstreuen. Die Zitronenscheiben auf den Fisch legen und mit Fett beträufeln.

Abgedeckt bei geringer Hitze etwa 45 Minuten dünsten. Mit Salzkartoffeln auftragen.

Kölner Neujahrskarpfen

Ein köstliches Gericht aus alten Kölner Tagen, bei dem das verwendete Bier für einen ganz exquisiten Geschmack sorgt.

Zutaten *1 mittelgroßer Karpfen (gut gewässert)*
2 Zwiebeln
1 Stück Räucherspeck
Pfefferkörner
2 Nelken
1 Lorbeerblatt
1/2 l Kölsch
Zitronenscheiben
2 Scheiben Weißbrot

Zubereitung

Den Karpfen schuppen, ausnehmen und portionieren. Die in Scheiben geschnittenen Zwiebeln, den gewürfelten geräucherten Speck, einige Pfefferkörner, Nelken und das Lorbeerblatt in einem großen Topf hell dünsten und anschließend mit soviel Bier ablöschen, daß die vorbereiteten Karpfen-Portionsstücke später davon bedeckt sind. Einige Zitronenscheiben und eine Handvoll zerriebenes Weißbrot zufügen und kurz unter ständigem Rühren kochen. Die dickliche Sauce durch ein Sieb geben, mit Salz würzen, den Fisch hineinlegen und garziehen lassen. Als Beilage eignen sich Salzkartoffeln, mit Petersilie bestreut.

Karpfen in Biersauce

Zutaten
1 Karpfen, etwa 2 kg
Salz
Pfeffer
Zitronensaft
1 große Zwiebel
100 g Knollensellerie
30 g Mehl
100 g Butter
100 g geriebener Lebkuchen
3/4 l Bier

Zubereitung

Den Karpfen entschuppen, ausnehmen, säubern und in Portionsstücke schneiden. Man kann ihn natürlich auch vom Fischhändler fertig zubereiten lassen. Die Stücke leicht salzen, pfeffern und mit Zitronensaft beträufeln. Zwiebel in feine Würfel schneiden, ebenso den Sellerie. Die Fischstücke leicht in Mehl wälzen und unter mehrmaligem Wenden in Butter beidseitig schön anbraten. Dann die Zwiebel und den Sellerie darüber streuen und mit dem Bier aufgießen. Abgedeckt langsam gardämpfen lassen. Die Karpfenstücke vorsichtig herausnehmen. Die restliche Butter mit dem Mehl vermischen und damit die Sauce binden. Zur Abrundung des Geschmacks und zum weiteren Binden der Sauce den geriebenen Lebkuchen dazugeben. Mit Salz, Pfeffer und Zucker abschmecken. Als Beilage eignen sich Butterkartoffeln und Kopfsalat.

Forelle blau

Die »blaue« Zubereitung von Fisch gehört wohl zu den beliebtesten in Deutschland. Ihren Namen verdankt sie der Tatsache, daß die Fische beim Garen eine bläuliche Färbung annehmen.

Eine besondere Delikatesse unter den Forellen ist die Bachforelle, die sich, anders als die Regenbogenforelle, nur in fließenden Gewässern wohl fühlt und sehr zartes Fleisch hat. Wenn man sie überhaupt bekommt, ist sie heutzutage sehr teuer, ebenso wie der Wildlachs, der nahezu völlig vom Zuchtlachs aus den großen Fischfarmen verdrängt worden ist.

Zutaten *Forellen*
Salzwasser
Essig
Zitrone

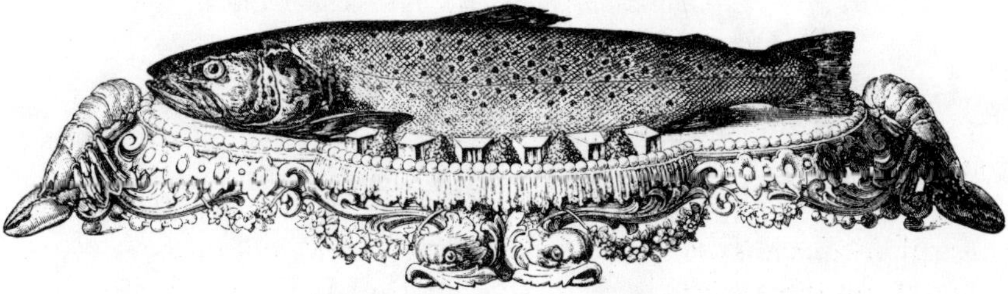

Zubereitung

Die Forellen ausnehmen, innen sauber putzen, außen vorsichtig abspülen, damit der Schleim nicht verletzt wird. Die Forellen in heißes Wasser, in das man einen Schuß Essig und eine Scheibe Zitrone gegeben hat, legen und ca. 10 Minuten zugedeckt ziehen, aber nicht kochen lassen. Die Forellen sind gar, wenn die Augen wie weiße Perlen heraustreten. Um die Fische möglichst unbeschädigt zu halten, empfiehlt sich zum Kochen die Benutzung einer Fischwanne. Zum Servieren werden die Forellen mit Zitronenspalten und Petersilie garniert.

Dazu reicht man zerlassene Butter oder Sauce Hollandaise, Salzkartoffeln und einen grünen Salat.

Omas Tip

Der Schleim der Forelle darf nicht verletzt werden, da sich der Fisch ansonsten nicht blau färbt. Außerdem kann man im Wasser auch noch Fischabschnitte und Suppengemüse mitkochen; dadurch erhält der Fisch ein kräftigeres Aroma.

Aufplatzende Forellen bei der Zubereitung sind garantiert frisch. Damit sie jedoch ihre schöne Form bewahren, legt man die Forellen 2 Stunden vor dem Garen in den Kühlschrank.

Rheinische Muscheln

Die »Auster des kleinen Mannes« gehört schon seit dem Mittelalter zur beliebten Bereicherung des Speiseplans vieler deutscher Regionalküchen. Speziell im Rheinland erfreut sich die Miesmuschel besonderer Wertschätzung. In den auf »r« endenden Herbst- und Wintermonaten werden Muscheln in allen Wirtshäusern angeboten, und man kann sie in Fischgeschäften frisch kaufen. Ihren Namen verdankt die Miesmuschel nicht etwa einem »miesen« Geschmack, sondern er rührt von den feinen, moosartigen Fäden her, mit denen sie sich am Untergrund festheftet.

Zutaten

1 1/2 kg Miesmuscheln
250 g Zwiebeln
20 g Butter
1 kleiner Bund Petersilie
1 Tütchen Muschelgewürz
2 TL Salz
1 TL Pfeffer
200 ml Wein

Zubereitung

Die Muscheln unter fließend kaltem Wasser bürsten und die »Bärte« entfernen. Nicht ganz geschlossene Muscheln unbedingt aussortieren! Zwiebeln in Ringe schneiden und ca. 5 Minuten dünsten. Die Gewürze hinzufügen, mit Weißwein aufgießen und aufkochen. Die Muscheln dazugeben. Den Topf gut schließen und zum Kochen bringen. Nach 5–8 Minuten öffnen sich die Muscheln. Dazu reicht man Schwarzbrot mit Butter.

Omas Tip

Am besten schmecken die Muscheln von September bis April. ***Achtung:*** *Muscheln, die sich beim Garvorgang nicht geöffnet haben, dürfen auf keinen Fall gegessen werden!*

Heringstopf

Zutaten

3 Matjesfilets
60 g Rind- oder Kalbfleisch, gekocht
1 Gewürzgurke
1 Apfel (Boskop)
175 g gekochte Kartoffeln
2 hartgekochte Eier
125 g rote Beete, frisch gekocht oder aus dem Glas
25 g Walnußkerne
2 EL Mayonnaise
1 Becher saure Sahne
3 EL Essig
1 TL Zucker
1/2 TL Pfeffer
1/2 TL Salz
1 kleine Zwiebel

Zubereitung

Die Matjesfilets entgräten, dann 1 Stunde wässern und abtrocknen. Die Filets, das Fleisch und die Gewürzgurke in kleine Würfel schneiden. Apfel, Kartoffeln, Eier und gegebenenfalls rote Beete schälen und würfeln. Die Walnußkerne grobhacken. Die Mayonnaise mit Sahne, Essig, Zucker, Pfeffer und Salz verquirlen. Die Zwiebel schälen und in die Sauce reiben. Die Salatzutaten untermischen. Den Salat abgedeckt im Kühlschrank 1 Tag durchziehen lassen. Vor dem Servieren erneut durchheben, abschmecken und eventuell mit etwas Rote-Beete-Saft aus dem Glas schlanker und rosiger machen.

Aal grün in Dillsauce

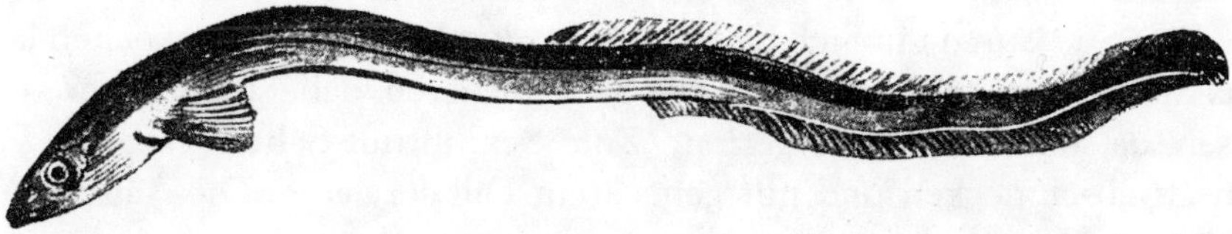

Früher, als die Flüsse noch sehr sauber und voller Fische waren, gab es auf dem Rhein sogenannte Aalschokker, speziell für den Aalfang ausgelegte Boote, von denen aus die Fischer dem beliebten Speisefisch mit Angeln, Reusen und Netzen nachstellten.

Heute ist der Aal vor allem wegen seines hohen Fettgehalts und seiner schweren Verdaulichkeit etwas aus der Mode gekommen. Aber zu Großmutters Zeiten trug er in vielen deutschen regionalen Küchen zu einer Bereicherung des Speiseplans bei. Viele Rezepte aus alten Tagen belegen dies.

Zutaten

750 g frischer Aal
1/4 l Weißwein
1/2 l Wasser
1 Zwiebel
Salz
1/8 l Schlagsahne
2 Eigelbe
Saft einer Zitrone
1 Bund Dill

Zubereitung

Den Aal waschen, trockentupfen und in etwa 6 bis 8 fingerlange Stücke schneiden. Weißwein, Wasser und die Zwiebel mit etwas Salz ca. 10 Minuten kochen lassen. Die Aalstücke leicht salzen und in den Sud geben. Im geschlossenen Topf kurz aufkochen und anschließend bei schwacher Hitze etwa 15 bis 20 Minuten ziehen lassen. Die Fischstücke herausnehmen und warm stellen. Den Sud durch ein Sieb gießen, bei starker Hitze etwas einkochen lassen. Das Eigelb verrühren und damit die Sauce legieren, dabei nicht mehr kochen lassen, da sonst das Eigelb gerinnt. Zum Schluß mit Sahne, Salz und Zitronensaft abschmecken und mit gehacktem Dill servieren. Die Aalstücke mit der Sauce übergießen.

Omas Tip

Zum Häuten und Ausnehmen des Aals sollte man diesen zuvor mit grobem Salz einreiben, dadurch kann man die Fische besser festhalten.

Beim Einkauf von Dill sollten Sie darauf achten, daß das Kraut keine Blüten hat, sonst schmeckt es bitter.

Gedünsteter Zander

Zander ist ein sehr teurer heimischer Speisefisch. Der beste Zander kommt aus der winterlichen Donau. Zander sollte immer frisch sein. Tiefgefroren verliert er seinen wundervollen Geschmack. Den Fisch nicht kochen, sondern nur ziehen lassen, sonst flockt das Eiweiß aus!

Zutaten *1 l Gemüsebrühe*
1 Zitrone
500 g Zander
100 g Butter
1 Stange Meerrettich
Salz

Zubereitung

Die Gemüsebrühe mit Zitronensaft aufkochen lassen. Temperatur reduzieren und den zerteilten Zander in dem Sud garziehen lassen. Die Butter in der Zwischenzeit erhitzen und den Meerrettich reiben. Den Rettich unter die Butter mischen. Den Zander aus der Brühe nehmen und auf die Teller verteilen. Mit der Meerrettichbutter überziehen.

Dazu Salzkartoffeln, mit Petersilie überstreut, reichen.

Kapitel 8

Fleisch und Geflügel

Hoppel-Poppel

Hoppel-Poppel ist so etwas wie ein Alt-Berliner Nationalgericht. Es wurde früher meist aus dem Rindfleisch zubereitet, das beim Kochen der Bouillon übrigblieb. Man kann es aber auch mit Kalb- oder Schweinefleisch herstellen.

Zutaten
400 g Schweineschnitzel
1 Zwiebel
Salz
Pfeffer
2 EL Schmalz
200 g durchwachsener Speck
1 kg Pellkartoffeln
Kümmel
5 Eier
1 Bund Schnittlauch

Zubereitung

Schnitzel in Streifen schneiden, die Zwiebel feinhacken. Beides zusammen in heißem Fett anbraten. Salzen und pfeffern, anschließend warm stellen. In der Pfanne erneut das Schmalz erhitzen und den in Streifen geschnittenen Speck einfüllen. Kurz anbraten und dann die in Scheiben geschnittenen Kartoffeln einfüllen. Sobald die Bratkartoffeln fertig sind, mit Salz, Pfeffer und nach Belieben mit Kümmel würzen. Das warm gestellte Fleisch mit den Kartoffeln vermischen. Die Eier verquirlen, den kleingeschnittenen Schnittlauch dazugeben und anschließend über die Masse geben. Langsam in der Pfanne stokken lassen. Dazu serviert man Salat.

Omas Tip

Sollte durch das Braten des Specks zuviel Fett entstehen, etwas abgießen, bevor die Kartoffeln dazukommen. Dadurch werden die Bratkartoffeln bekömmlicher.

Krautwickel

Mancherorts werden sie auch »Krautwürste« oder »Kohlrouladen« genannt, diese schmackhaften, mit Hackfleisch gefüllten Wirsingblätter, die in einer kräftigen Brühe gedünstet werden.

Zutaten *12–16 Krautblätter*
1 Brötchen

Für die Füllung

250 g Hackfleisch
1 Ei
Zwiebeln
Petersilie
Pfeffer
Muskat
40 g Butter
Salz
1/4 l Fleischbrühe

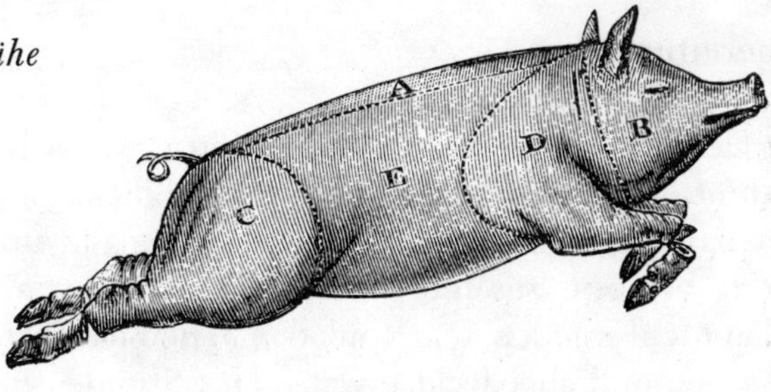

Zubereitung

Die Krautblätter in Salzwasser halb weich kochen. Für die Zubereitung der Füllung das Brötchen in lauwarmem Wasser einweichen und dann gut ausdrücken. Hackfleisch mit dem Ei, den feingeschnittenen Zwiebeln und der feingehackten Petersilie, dem ausgedrückten Brötchen und den Gewürzen zu einem Fleischteig verarbeiten. Die Blätter mit der Fleischfüllung belegen und mit weißem Zwirn zusammenbinden. Die eingerollten Krautblätter werden dicht nebeneinander in eine Bratkasserolle gelegt. Das Fett mit in die Kasserolle geben, salzen und dann die Brühe angießen. Im geschlossenen Topf dünsten. Die Krautwickel reicht man mit Buttersauce und Salzkartoffeln.

Rindsroulade

Zutaten *4 dünne, große Rindfleischschnitten (je 100–125g)*
Salz
40 g Speck
2 Zwiebeln
Petersilie
10 g Fett
Mehl zum Wenden
70 ml Mager- oder Buttermilch

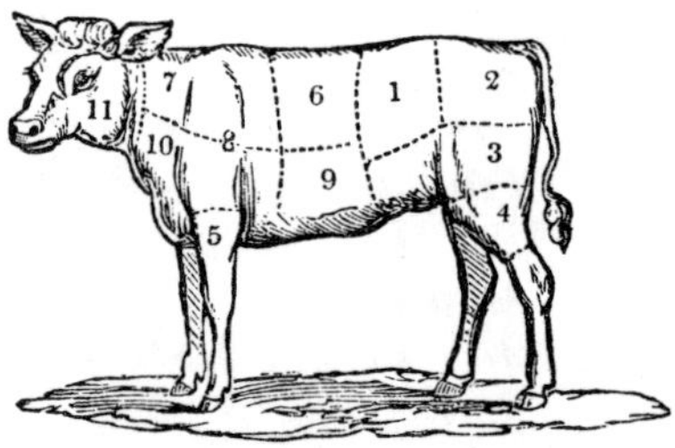

Zubereitung

Die Fleischscheiben dünn klopfen, mit etwas Salz einreiben. Den in Würfel geschnittenen Speck etwas anbraten und die Zwiebeln darin mitdünsten. Die Fleischschnitten mit der gehackten Petersilie und der Speck-Zwiebel-Mischung belegen, zusammenrollen, kreuzweise mit einer Schnur umbinden und in Mehl wenden. Die Rouladen in heißem Fett anbraten, mit etwas Brühe ablöschen und abgedeckt etwa 1–1 1/2 Stunden dünsten. Die Rouladen herausnehmen und die Schnur lösen. Die Sauce mit 1 Teelöffel Mehl, die man mit Mager- oder Buttermilch angerührt hat, aufkochen und servieren.

Omas Tip

Die Sauce kann man auch mit etwas Rotwein verfeinern. Außerdem kann die Roulade auch mit kräftig abgeschmecktem Rinderhack gefüllt werden.

Hackbraten

Dieses auch unter dem Namen »Falscher Hase« bekannte Gericht ist ein echter Klassiker der deutschen Küche. Es lassen sich zahllose Möglichkeiten der Zubereitung finden, wobei die hier vorgestellte eine alte Variante aus dem Berliner Raum ist. Der Name »Falscher Hase« rührt übrigens von der länglichen Form des Bratens her, die Betrachter mit viel Phantasie an eine entfernte Verwandtschaft zu echtem Hasenbraten erinnern kann.

Zutaten

1 Zwiebel
Petersilie
2–3 Brötchen
500 g Hackfleisch (Rind- und Schweinefleisch gemischt)
Salz
1 Ei
Fett
1/4 l Brühe
1 EL Mehl

Zubereitung

Die gehackte Zwiebel, die feingewiegte Petersilie und die eingeweichten, ausgedrückten Brötchen zum Hackfleisch geben. Salz und Ei hinzufügen und die Masse gut mit den Fingern vermischen. Einen länglichen Braten formen, in heißem Fett anbraten, mit der Brühe ablöschen und im Backofen noch ca. 1 Stunde braten. Ab und zu mit Bratensaft übergießen. Den fertigen Hackbraten herausnehmen und die Sauce mit Mehl aufkochen und durchsieben.

Den Braten kann man auch mit 2 hartgekochten Eiern verfeinern! Beim Formen des Hackbratens 1 bis 2 hartgekochte, geschälte Eier einschließen oder Gürkchen hineinformen.

Als Beilagen eignen sich besonders Kartoffelsalat, Bohnen, Blumenkohl, Pilze oder grüne Erbsen.

Omas Tip

Das Hack und die Zutaten sollten sehr gut durchgeknetet werden. Zum Schluß muß die Masse sehr glatt sein, damit sie beim Braten nicht reißt. Das lästige Anbacken kann man verhindern, indem man eine Speckschwarte unterlegt.

Königsberger Klopse

Königsberg, die Hauptstadt der Provinz Ostpreußen, war nicht nur die Krönungsstadt Friedrichs des Großen und die Heimatstadt solch bedeutender Geistesgrößen wie E.T.A. Hoffmann und Immanuel Kant, sondern auch die Heimat vieler spezieller ostpreußischer Gerichte, so vor allem natürlich auch die der Königsberger Klopse. Als typisches Sonntagsessen wurden die Klopse in der leckeren Kapernsauce schwimmend in einer großen Terrine auf den Tisch gebracht. Man aß sie damals wie heute mit Salzkartoffeln und grünem Salat.

Zutaten

200 g Kalbfleisch
200 g Schweinefleisch
2 eingeweichte Brötchen
3 Sardellenfilets
1 EL Kapern
Salz
Pfeffer
1 EL geriebene Zitronenschale
1 Ei
1 Zwiebel
1 l Fleischbrühe

Für die Sauce

40 g Butter
20 g Mehl
1/2 Glas Weißwein
Zitronensaft
1/2 Becher Sahne
2 Eigelbe
4 EL Kapern

Zubereitung

Alle Zutaten durch die feine Scheibe des Fleischwolfs drehen. Danach das Ei und die Gewürze dazugeben und nochmals kräftig durchmischen. Mit feuchten Händen runde Klopse formen. Die Brühe gut würzen und zum Kochen bringen. Temperatur klein stellen und die Klopse in der heißen Brühe garen. Wenn sie fertig sind, warm stellen. Jetzt aus Mehl und Butter eine Schwitze herstellen, mit Wein ablöschen und mit der Kochbrühe aufgießen, bis die Sauce die richtige Konsistenz hat. Mit Zitronensaft, Salz und Pfeffer abschmecken und mit Sahne verfeinern. Die Kapern dazugeben und die Klopse noch einmal etwa 5 Minuten in der Sauce ziehen lassen. Zum Schluß vom Herd nehmen und mit dem Eigelb legieren.

Zu den Klopsen gehören Salzkartoffeln. Bei der Oma gibt es traditionell immer noch einen Möhrensalat oder Rote Beete dazu.

Omas Tip

Dies ist sozusagen die Feiertagsversion. Soll es einfacher sein, kann man natürlich auch fertiges Rinderhack nehmen und die Sauce aus Fett, Mehl, Zitrone und Wasser herstellen. Anschließend mit etwas saurer Sahne verfeinern.

Königsberger Klopse schmecken deftiger, wenn man die Zwiebelwürfel zuvor goldgelb dünstet und dann der Masse wieder zufügt, oder man setzt eine Brühe mit Markknochen, Suppengrün, Zwiebeln und Salz auf, läßt diese 1 Stunde lang köcheln und gibt dann die Klopse dazu. Die Knochenbrühe ist ein starker Bouillon-Ersatz und kann ideal als Vorspeise serviert werden.

Leberknödel

Die große Familie der Knödel läßt sich von ihrer regionalen Herkunft her relativ eindeutig bestimmen. Ihre Mitglieder sind fast allesamt südländischer Abstammung, genauer gesagt aus Bayern, und seit Omas Zeiten hat sich an ihrer Zubereitung nichts geändert, was wohl auch daran liegt, daß sie zum festen Bestandteil des bayrischen Kulturguts gehören.

Zutaten *4 altbackene Brötchen*
1/8 l Milch
150 g Rinderleber
1/2 Zwiebel
1 Knoblauchzehe
1/2 TL Majoran
1 EL abgeriebene Zitronenschale
1 Rindermarkknochen
1 TL Salz
1 Ei
1,5 l Fleischbrühe

Zubereitung

Die altbackenen Brötchen werden fein aufgeschnitten und mit 1/8 l heißer Milch übergossen. Die Rinderleber in eine Schüssel schaben, die feingewürfelte Zwiebel und Knoblauchzehe mit dem Majoran und der abgeriebenen Zitronenschale dazugegeben. Das Rindermark fein würfeln, mit Salz, dem Ei und dem ausgedrückten Brötchen zu der Masse geben und verkneten. Man formt runde Knödel daraus und siedet sie ca. 30 Minuten in der Fleischbrühe.

Omas Tip

Um zu vermeiden, daß die Knödel fleckig werden, kann man einen Teller auf die schwimmenden Knödel aufsetzen, der diese gänzlich unter Wasser drückt.

Gebackene Leberknödel

Zutaten *12 alte Semmeln oder 750 g altes Brot*
1/2 l heiße Brühe
2 Eier
4 Zwiebeln
2 Knoblauchzehen
1 Bund Petersilie
1 TL Salz
1 Prise Pfeffer
1 EL Majoran
500 g Leber (Schwein oder Rind)

Zubereitung

Die Semmeln dünn aufschneiden, mit heißer Brühe übergießen und etwa 30 Minuten ziehen lassen. Zu der Semmelmasse die Eier, die kleingeschnittenen Zwiebeln, die gepreßten Knoblauchzehen und die feingehackte Petersilie geben. Mit Salz, Pfeffer und Majoran würzen. Die durchgedrehte Leber dazugeben und alles vermengen. Aus der Masse ca. 20 Knödel formen und in der Friteuse bei 180 °C etwa 6 Minuten fritieren.

Omas Tip

Die Knödel ins schwimmende Fett geben und dabei darauf achten, daß sie genug Platz haben und frei schwimmen können. Die fertigen Knödel in heißer Brühe servieren oder einfach kalt genießen. Die Knödel lassen sich auch gut einfrieren.

Immer zuerst einen Probeknödel formen! Sollte dieser auseinanderfallen, etwas Paniermehl in die Masse einarbeiten, nochmals 15 Minuten anziehen lassen und dann erneut beginnen.

Gefüllte Kalbsbrust

Das Geheimnis des Gelingens dieses Rezepts liegt besonders an zwei Dingen: Die Brust darf nur zu zwei Dritteln gefüllt werden, denn die Füllmasse dehnt sich durch die Wärme noch aus. Darüber hinaus sollte man die Brust in Butterfett anbraten, da Öl das Fleisch hart und fasrig werden läßt.

Zutaten
1 kg Kalbsbrust
Butter
2 Eier
1 TL geriebene Zitronenschale
1 Zwiebel
3 EL Petersilie
Salz
Pfeffer
Muskat
etwas Suppengewürz
2–3 Semmeln, in Milch eingeweicht

Zubereitung

Die Rippen und die Knochen entfernen und eine Tasche in die Kalbsbrust schneiden. Ein Stückchen Butter schaumig schlagen und je nach Größe der Brust, die Eier, etwas geriebene Zitronenschale, Zwiebel, reichlich fein gehackte Petersilie, Gewürze und die ausgedrückten Semmeln dazugeben. Die Masse sehr gut vermengen und nicht zu fest in die Brust füllen. Anschließend die gefüllte Kalbsbrust zunähen. In einer Pfanne Fett auslassen und die Kalbsbrust von beiden Seiten goldgelb anbraten. Im auf 200 °C vorgeheizten Backofen die Brust ca. 1 1/2 Stunden braten und dabei ab und zu mit dem Bratensaft übergießen. Die Sauce mit einem Stückchen Butter verlängern.

Zum Servieren schneidet man die Brust in nicht zu dünne Scheiben und übergießt sie mit der Bratensauce.

Kalbsfrikassee Berliner Art

Zu Omas Zeiten gehörten in den besseren Kreisen in das Kalbsfrikassee auch etwa 200 g Kalbsbries. Das Bries ist die Thymusdrüse des Kalbs und sitzt im vorderen Teil der Brusthöhle. Wegen seiner Zartheit und seines guten Geschmacks zählt es zu den absoluten Delikatessen und ist entsprechend teuer. So kam und kommt Kalbsbries auch nur zu besonderen Anlässen auf den Tisch. Will man es im Kalbsfrikassee mitverarbeiten, so muß es vor dem Kochen ca. 2 Stunden gewässert werden, damit es schön weiß wird.

Zutaten

500 g Kalbfleisch
30 g Butter
1 Zwiebel
1 Möhre
1/2 kleine Sellerieknolle
3 EL Mehl
1/4 l Wein
1 Tasse Fleischbrühe
300 g Champignons (zu Festtagen Morcheln)
1 Dose Stangenspargel
1 Becher Sahne
Salz
Pfeffer
Zitronensaft

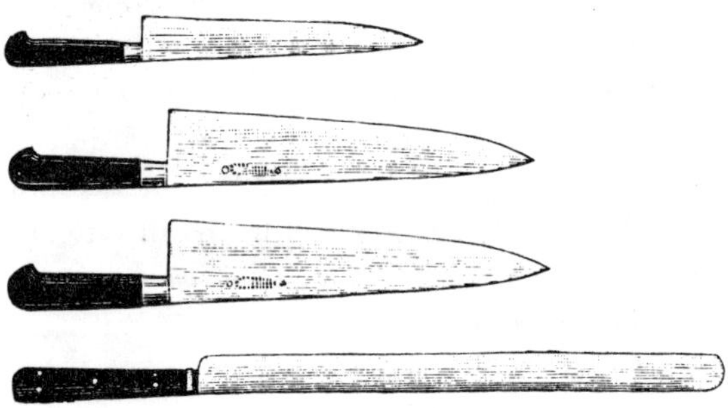

Zubereitung

Das Fleisch in Würfel schneiden. In einer großen Pfanne oder einem Schmortopf Butter zerlassen und darin die in Scheiben geschnittenen Zwiebel, die fein gehackte Möhre und Sellerieknolle andünsten. Etwas auf die Seite schieben und das Fleisch dazugeben. So lange mitbraten, bis es etwas Farbe angenommen hat. Jetzt das Mehl darüber stäuben, kurz anziehen lassen und mit Wein und Brühe ablöschen. Auf kleiner Flamme etwa 10 Minuten köcheln lassen. Indessen die Pilze in etwas Butter anbraten und den Spargel zum Fleisch geben und mit Sahne auffüllen. Mit Salz, Pfeffer und Zitronensaft abschmecken. Wenn die Sauce zu dünn ist, noch mit etwas in Wasser angerührtem Mehl binden.

Will man Kalbsbries in das Frikassee geben, so muß dieses als Ganzes etwa 7 Minuten mitköcheln. Anschließend wird es gewürfelt und zur Seite gestellt und dem fertigem Gericht am Ende wieder beigegeben.

Gebackene Leber

Im Spätsommer, wenn sich in deutschen Landen die Apfelbäume unter der Last ihrer Früchte bogen, gehörte gebackene Leber mit Äpfeln zu den beliebtesten Gerichten landauf landab. Besonders lecker und zart gelingt die Leber, wenn man auf folgendes achtet: Vor der Zubereitung legt man sie 1 Stunde in Milch ein, trocknet sie gut ab, wendet sie in Mehl und brät sie mit wenig Fett kurz an. Ganz besonders wichtig ist, daß man die Leber nie vor oder während des Bratens würzt, sonst wird sie hart.

Zutaten

500 g Leber (Rind oder Kalb)
2 EL Mehl
2 Zwiebeln
4 säuerliche Äpfel
40 g Butter
Salz
Pfeffer

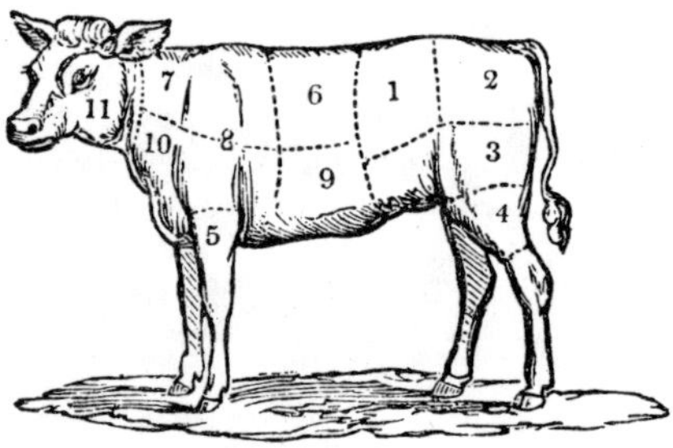

Zubereitung

Die Leber gründlich säubern und trockentupfen, danach in Mehl wenden. Zwiebel in feine Ringe schneiden. Äpfel schälen, entkernen und in schmale Streifen schneiden. 2 Pfannen und 1 Topf auf den Herd setzten und in jedes Gefäß ausreichend Butter geben. In der ersten Pfanne die Leber bei mäßiger Hitze garbraten. In der zweiten die Zwiebeln unter häufigem Wenden braun werden lassen. Im geschlossenen Topf die Äpfel bei kleiner Hitze weichdünsten, aber es soll kein Kompott entstehen. Die Leber zum Schluß salzen und pfeffern, Zwiebel und Äpfel dazugeben. Zur gebackenen Leber schmeckt am besten ein frisches, mit Butter und Sahne gemachtes Kartoffelpüree.

Kasseler Rippenspeer

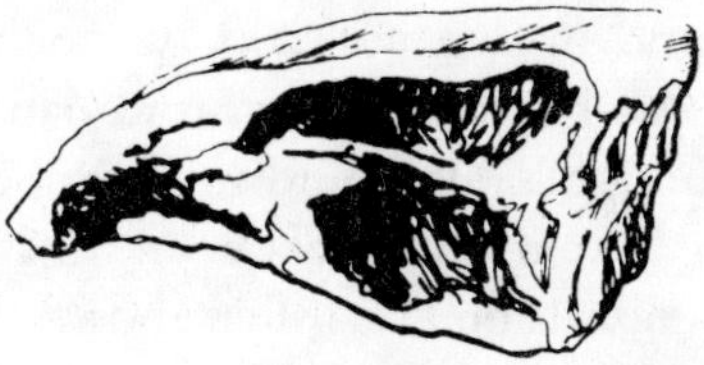

Eigentlich müßte das Wort »Kasseler« mit »C« geschrieben werden, denn dieses Gericht stammt nicht etwa aus Kassel, sondern ist eine Erfindung des Berliner Fleischermeisters Cassel aus der Potsdamer Straße, der auf die Idee dazu kam, als er nach einer Methode zur Fleischkonservierung suchte. Er räucherte das Fleisch und legte es anschließend in Salzlake ein, woraus sich eine Vielzahl typischer Gerichte entwickelte, die sich bis in die heutige Zeit hinein großer Beliebtheit erfreuen.

Zutaten

800 g Kasseler Kotelettstück
2 mittlere Zwiebeln
1 große Möhre
1 Lorbeerblatt
1 TL Kümmel
3 Wacholderbeeren
Pfeffer aus der Mühle
1/2 l Wasser
1 Schuß Rotwein
1 TL Speisestärke
125 ml saure Sahne

Zubereitung

Wasser zum Kochen bringen. Das gewaschene Fleisch mit der Fettseite nach unten in eine Kasserolle legen, die in Viertel zerteilten Zwiebeln, die Mohrrübenstücke, das Lorbeerblatt, den Kümmel, die zerstoßenen Wacholderkörner und Pfeffer nach Geschmack dazugeben, mit kochendem Wasser übergießen und in den auf 200 °C vorgeheizten Backofen schieben. Nach 30 Minuten das Fleisch wenden und danach mehrmals mit dem Bratenfond übergießen und, falls notwendig, einen Schuß Wasser nachfüllen. Nach dem Wenden den Braten nochmals etwa 15 Minuten garen, das Fleisch von den Knochen lösen, mit einem Teller abdecken und beiseite stellen. Den Bratenfond durch ein Sieb gießen und mit dem Rotwein kurz aufkochen, mit der Stärke, die man vorher in der sauren Sahne verrührt hat, abbinden. Zu Kasseler passen hervorragend frisches Sauerkraut und Salzkartoffeln.

Omas Tip

Einen besonders pikanten Geschmack erhält die Sauce, wenn man zum Schluß einen Spritzer Sherry dazugibt.

Irish Stew

Im Zuge der Naturromantik kamen um das Jahr 1840 die ersten deutschen Reisenden auf die grüne Insel Irland. Von dort brachten sie eines der irischen Nationalgerichte, das Irish Stew, einen Lammfleisch- und Kartoffeleintopf, mit nach Deutschland, wo es sich wegen seines guten Geschmacks und seiner sättigenden Wirkung schon bald großer Beliebtheit erfreute. Der Name »Stew« stammt aus dem Englischen und bedeutet »stampfen«, d. h., Irish Stew schmeckt erst richtig gut, wenn es gut durchgekocht und auch ordentlich vermengt ist.

Zutaten *500 g Lammfleisch*
1/2 Wirsing
250 g gelbe Rüben
1–2 Sellerieknollen
1–2 große Zwiebeln
750 g Kartoffeln
250 g Tomaten
Salz
1 EL Fett
1/2 Bund Petersilie
1/2–3/4 l Brühe

Zubereitung

Fett in einer Pfanne auslassen. Die feingeschnittenen Zwiebeln und die Petersilie darin anbraten. Dann schichtet man die in Würfel geschnittene Sellerie, das in grobe Würfel geschnittene, leicht gesalzene und gepfefferte Fleisch, die in Stifte geschnittenen Gelbrüben, den gehobelten Wirsing und zum Schluß die in Würfel geschnittenen Kartoffeln sowie die geteilten Tomaten in der Pfanne. Mit Brühe aufgießen, würzen und abgedeckt bei kleiner Hitze etwa 1 Stunde kochen. Zum Schluß nochmals würzig abschmecken.

Martinsgans

Seit dem Mittelalter ist die Gans Festspeise an Martini. Eine Legende sagt, der Heilige Martin von Tours habe sich versteckt, um sich so seiner Wahl zum Bischof zu entziehen, sei aber von den Gänsen verraten worden, weshalb diese fortan dafür büßen müßten. Wahrscheinlicher erscheint die Version, nach der die Bauern ihren Lehnsherren zu Martini Naturalgaben in Form von Gänsen überlassen mußten, was sich zumindest in den Ausgaberegistern vieler Städte seit dem 13. Jahrhundert nachweisen läßt.

Zutaten *1 junge Gans (die Innereien für die Füllung verwenden)*
Salz

Für die Füllung

4–6 alte Brötchen
3/8–1/2 l Milch
Salz
50–60 g Fett
gehackte Zwiebeln
1 Ei
Petersilie
2 Stengel Beifuß

Zubereitung

Die Gans waschen und von den restlichen Kielen und Federn befreien, indem man sie über offener Flamme sengt, damit alle Härchen verschwinden. Man kann dies auch alles vom Metzger erledigen lassen. Dann salzt man sie innen und außen.

Für die Füllung die Brötchen schneiden, mit der heißen Milch überbrühen und durchziehen lassen. Dann salzen und mit gedünsteten Zwiebeln und kleingeschnittener Petersilie und dem Ei mischen. Die Füllung gibt man mit der kleingeschnittenen Leber, dem Herz und dem Beifuß vermischt in die Bauchhöhle und näht sie zu. Die Gans in eine große Bratkasserolle legen und mit heißem Wasser angießen. Im Backofen unter häufigem Begießen ca. 1 1/2 bis 2 1/2 Stunden braten. Wenn die Gans schön knusprig braun ist, herausnehmen, die Nähte entfernen und aus dem Bratfett eine Sauce rühren.

Mit Kartoffeln oder Klößen und Gemüse servieren.

Omas Tip

Damit die Gans in Form bleibt, kann man sie mit einer Schnur zusammenbinden. Sollte die Sauce zu fettig sein, kann man sie einfach mit aufgelegtem Küchenkrepp entfetten.

Eisbein mit Sauerkraut

Viele deutsche Regionen beanspruchen für sich das Eisbein als typisches Gericht. Wir wollen diesem Zwist hier nicht weiter nachgehen, sondern eine Entstehungs-Episode erzählen, deren Wahrheitsgehalt uns groß erscheint. Sie kommt aus Berlin und erzählt, wie die Schweinsfüße, die andernorts »Haxen« oder »Hämchen« genannt werden, zu ihrem Namen kamen. Zu Omas Zeiten fertigte man im Winter mangels entsprechender Eisenverarbeitungsmöglichkeiten für die Kinder aus den Schienbeinknochen des Schweins Schlittschuhkufen zum Unterschnallen, woraus der Volksmund das »Eisbein« machte. Die Kufen sind längst aus Stahl, doch das Eisbein, serviert mit frischem Sauerkraut, ist zum echten Klassiker aus Omas Küche geworden.

Zutaten *1 kg Eisbein*
gemahlener, schwarzer Pfeffer
1 kleine Zwiebel
1 Möhre
1 l Wasser
Salz
1 Lorbeerblatt
4 Pfefferkörner
4 Wacholderbeeren
1 Gewürznelke
1 mittelgroßer Apfel
500 g Sauerkraut
1 rohe Kartoffel, gerieben
Zucker
Salz und Pfeffer

Zubereitung

Das Eisbein waschen, pfeffern und 10 Minuten liegen lassen. Die geschälte Zwiebel und die geputzten Möhren in Scheiben schneiden. Das Eisbein in kochendes Wasser geben und das Gemüse und die Gewürze hinzufügen; etwa 90 Minuten leicht kochen lassen. Das Eisbein dann herausnehmen und warm stellen. Die Brühe durch ein Sieb gießen. Den Apfel raspeln und mit dem Sauerkraut, den mitgekochten Wacholderbeeren und der Gewürznelke in einen halben Liter der abgeseihten Brühe geben. Das Eisbein auf das Sauerkraut legen und erneut 30 Minuten abgedeckt köcheln lassen. Gegen Ende der Garzeit eine geschälte rohe Kartoffel zum Sauerkraut reiben und aufkochen lassen. Gut verrühren und mit Salz, Pfeffer und Zucker abschmecken.

Saure Nieren

Zutaten *4–5 Schweinenieren, wahlweise auch Kalbsnieren (ca. 500 g)*
Fett zum Anbraten
1 mittelgroße, gehackte Zwiebel
Pfeffer
Salz
Paprika
2–3 EL Mehl
1–2 EL Essig
1/4 l heiße Brühe oder 1/4 l trockener Weißwein

Zubereitung

Die Nieren zuvor gut wässern oder mindestens 1 Stunde in Milch einlegen. Danach abtrocknen, in der Mitte durchschneiden, Fett- und Harnwegsgewebe entfernen und in kleine Scheibchen schneiden. Fett in der Pfanne erhitzen und die Nierchen bei guter Hitze kurz anrösten. Die gehackte Zwiebel zugeben, mit Pfeffer, Salz und etwas Paprika je nach Geschmack würzen und etwa 10 Minuten leicht schmoren lassen, bis die Zwiebeln glasig sind. Mit Mehl bestäuben, etwas anlegen lassen und dann zuerst den Essig unter Rühren hinzufügen; dann die Brühe aufgießen. Weitere 5 Minuten ziehen lassen, mit Kartoffelpüree oder Spätzle servieren.

Omas Tip

Fett und Adern müssen sehr sorgfältig entfernt werden, da die Nieren sonst sehr bitter schmecken.

Saure Ente

Zutaten *2 Enten*
2 Lorbeerblätter
5 Wacholderbeeren
1 geviertelte Zwiebel
2 Knoblauchzehen
1/4 l trockener Weißwein
1/8 l Essig
1/8 l Wasser
Pfeffer
Salz
1/4 l Crème fraîche (nach Belieben)

Zubereitung

Die Enten werden in Keulen, Brust und Flügel zerlegt. Wer sich das nicht zutraut, sollte die Teile einzeln auf dem Markt frisch besorgen, dann aber dazu auch noch Entenklein (evtl. auch gefroren) kaufen. Alles, was an Fleisch und Knochen übrigbleibt, Krägen, Bürzel, Hautstücke etc., wird in einem großen Topf unter Zugabe von Lorbeerblättern, Wacholderbeeren, der Zwiebel, Knoblauchzehen, Weißwein, Essig, Wasser, Salz und Pfeffer ca. 1 Stunde gekocht. Der Sud wird abgeseiht und abgekühlt, bis die Fettschicht oben hart ist. (Das kann auch am Vortag erledigt werden.) Die Keulen, Brust und Flügel werden leicht gesalzen und gpfeffert, mit Mehl bestäubt und in dem abgehobenen Sudfett braun angebraten. Die Fleischstücke werden nun in den wieder erhitzten Sud gegeben und 1 bis 1 1/2 Stunden geköchelt. Sollte sich die Flüssigkeit zu stark reduzieren, kann man Weißwein zugießen. Die Sämigkeit der Sauce ergibt sich normalerweise von selbst, nach Geschmack kann man sie allerdings noch mit etwas Crème fraiche binden. Dazu passen Semmelknödel, Reis oder Salzkartoffeln.

Omas Tip

Die Fettdrüsen, die rechts und links des Bürzels liegen, müssen unbedingt entfernt werden, da ihr Fett den Geschmack der Sauce nachhaltig zerstört.

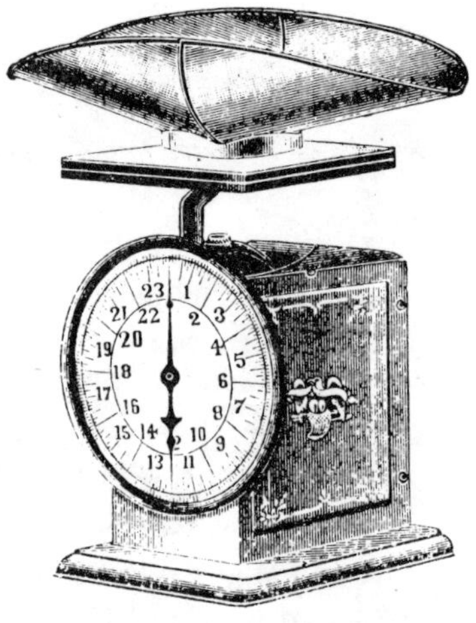

Gamsbraten

Gamsbraten ist nicht ganz einfach zu bekommen, aber wer eine Chance hat, ihn bei einem gut sortierten Wildhändler zu erstehen, sollte sich unbedingt an dieses Rezept machen, das seinen Ursprung im südlichsten Zipfel Deutschlands hat, dort, wo die Gemsen heimisch sind. Da das Fleisch kräftig mariniert werden muß, in der Regel einige Tage, muß man den Gamsbraten von langer Hand vorbereiten.

Zutaten

2 kg Gamskeule oder -schulter
100 g Fett
125 g Speckwürfel
1 gehackte Zwiebel
Wurzelwerk einer gelben Rübe
Sellerie
Petersilie
3 EL Mehl
2 EL Preiselbeeren
1/8 l Rotwein
1/4 l saure Sahne

Für die Beize

2 l Wasser
1/8 l Weinessig
1 geviertelte Zwiebel (jedes Viertel mit 1 Nelke spicken)
2 gelbe Rüben
1/4 Knollensellerie
2 Lorbeerblätter
10 Wacholderbeeren
1/2 Zitrone, unbehandelt (Schale)
1/4 l Rotwein

Zubereitung

Als erstes wird die Beize zubereitet. Aus den obengenannten Zutaten mit Ausnahme des Rotweins wird die Beize langsam 1 Stunde gekocht und dann abgekühlt. Erst dann kommen der Rotwein und das Fleisch dazu. Bei jüngeren Tieren bleibt das Fleisch 2–3 Tage in der Beize, bei älteren 5 Tage. Die Beize wird in ein separates Gefäß gefüllt und aufbewahrt.

Das Fleisch wird im Schmortopf gut angebraten und warm gestellt. Im selben Topf läßt man Speckwürfel aus, dünstet darin die gehackte Zwiebel, gibt das blättrig geschnittene Wurzelwerk, den Sellerie und die Petersilie dazu, dann wiederum das Fleisch, gießt mit ca. 1 Liter Beizflüssigkeit auf und gart die Gams, bis das Fleisch weich ist. Die Sauce wird mit Mehl gebunden und mit Preiselbeeren, Rotwein und saurer Sahne abgeschmeckt.

Dazu serviert man Semmelknödel und Rotkraut sowie nach Geschmack Preiselbeeren.

Omas Tip

Gamsfleisch muß immer sehr heiß serviert werden – wie Hammelfleisch übrigens auch.

Hähnchen mit gebackenen Semmelknödeln

Zu Omas Zeiten waren Hühner noch echte Haustiere, die in vielen kleinen Gärten gehalten wurden, nicht nur auf den großen Bauernhöfen. Mit den Eiern stellte man einen wichtigen Teil der Eiweißversorgung sicher, und außerdem hatte man an Festtagen ein besonders leckeres Stück Fleisch. Die Hähnchen unserer Zeit haben damit nicht mehr viel gemein, es sei denn, man hat das Glück, einen wirklich guten Geflügelhändler zu kennen, bei dem es Hähnchen gibt, die unter artgerechten Bedingungen aufgewachsen sind.

Zutaten

1 bratfertiges Hähnchen
Salz
Pfeffer
Paprika
1 Zwiebel
3 große gelbe Rüben
1/4 l Bier
1/4 l Hühnerbrühe
1 Bund Petersilie
250 g altes Brot
1/4 l heiße Milch
1 Zwiebel
2 EL Petersilie
1–2 Eier

Zubereitung

Hähnchen waschen, trockentupfen, mit Salz und Gewürzen einreiben und in einen großen Bräter legen. Die Zwiebel achteln, gelbe Rüben putzen und in 3 cm lange Stücke schneiden. Diese Zutaten zum Hähnchen geben und jeweils die Hälfte von Bier und Brühe aufgießen und die Petersilie im Bund dazugeben. Im auf 220 °C vorgeheizten Backofen 30–40 Minuten braten.

In der Zwischenzeit das Brot mit heißer Milch übergießen und ca. 30 Minuten ziehen lassen. Zwiebel, Petersilie und Eier dazugeben, durchkneten und aus der Masse Knödel formen. Den Bräter aus dem Backofen nehmen, den Rest Bier und die übriggebliebene Brühe angießen und die Hähnchen wenden. Die Knödel neben das Hähnchen in die Reine legen und im Backofen bei 200 °C ca. 45 Minuten fertigbraten. Zwischendurch ein- bis zweimal das Hähnchen und die Knödel mit Bratensaft übergießen.

Nach der Garzeit das Hähnchen auf eine Platte legen und in Stücke teilen. Das Gemüse dazulegen. Die Knödel in eine Schüssel geben und beides warm stellen. Bratenfond lösen, die Sauce durchsieben, mit Brühe verlängern und abschmecken.

Omas Tip

Beträufelt man das Hähnchen vor dem Braten mit Zitronensaft, wird das Fleisch schön saftig.

Hühner-Frikassee

Zutaten *1 Suppenhuhn*
Salz
1 Bund Suppengrün
500 g Spargel (frisch oder aus der Dose)
20 g Butter
1 EL Mehl
1 l Brühe
1 Eigelb
etwas Zitronensaft
Salz
1 Prise Zucker

Zubereitung

Ein gewaschenes Huhn in etwa 1 1/2 l Salzwasser mit dem geputzten Suppengrün ca. 1 Stunde kochen, bis das Fleisch vom Knochen fällt. Huhn herausnehmen, das Fleisch vom Knochen lösen und in mundgerechte Stücke teilen. Aus Butter und Mehl eine helle Mehlschwitze anrühren und mit 1 Liter Brühe ablöschen. Mit Eigelb legieren und mit Zitronensaft, Salz und Zucker abschmecken. Hähnchenfleisch und Spargelstücke in die Sauce geben und kurz auf kleiner Flamme durchziehen lassen. Das Frikassee anschließend nicht mehr kochen.

Omas Tip

Nach dem Ablösen des Fleischs kann man das Gerippe in der Brühe weiter auskochen. So erhält man nebenbei auch noch eine schöne kräftige Hühnerbrühe, die man als Fond für alle Saucen verwenden kann.

Hirschkeule

Der Hirsch, der »König der Wälder«, gilt als das edelste Wild, dessen Genuß in früheren Zeiten ausschließlich den besseren Kreisen vorbehalten war. Und auch dort gab es Hirschbraten nur an besonders hohen Feier- und Festtagen, was nicht zuletzt damit zusammenhängen mag, daß seine Zubereitung sehr arbeitsintensiv ist.

Zutaten

2 kg Hirschkeule (bereits ausgelöst und gebunden kaufen)
1 TL Salz
1 TL Pfeffer
1 TL Rosmarin, getrocknet
1 Bund Suppengrün
1 Zwiebel
100 g Margarine
100 g fetter Speck in Scheiben
1/4 l heißes Wasser
1 Lorbeerblatt
3 Pfefferkörner
3 Wacholderbeeren
1 Nelke
1 TL abgeriebene Zitronenschale
1 Prise Thymian, getrocknet
1 TL Senf
4 EL Rotwein
1 Tasse erwärmter Rotwein
4 EL Sahne
Salz
Pfeffer
Zitronensaft zum Abschmecken
1 kleines Glas Preiselbeerkompott

Zubereitung

Hirschkeule mit einem mit Essig getränkten Tuch abreiben. Salz, Pfeffer und Rosmarin mischen und das Fleisch damit einreiben. Den Backofen auf 200 °C vorheizen. Suppengrün waschen und klein schneiden. Zwiebeln in

Ringe schneiden. Margarine in einem Bräter erhitzen. Die Hirschkeule von allen Seiten gut anbraten, dann mit Speckscheiben belegen. Suppengrün, Zwiebelringe, Lorbeerblatt, Pfefferkörner, Wacholderbeeren, Nelke, abgeriebene Zitronenschale, Thymian, Senf und den kalten Rotwein in etwas heißes Wasser geben, verrühren und dann um die Hirschkeule gießen. Im Backofen ca. 90 Minuten braten lassen. Nach etwa 60 Minuten die Speckscheiben entfernen. Den angewärmten Rotwein zum Bratensaft geben und das Fleisch während der restlichen Bratzeit mehrmals begießen.

Dann die Hirschkeule auf einer vorgewärmten Platte anrichten und 10 Minuten im leicht geöffneten Backofen ruhen lassen. Den Bratensaft durch ein Sieb streichen, mit Sahne verrühren und mit Salz, Pfeffer, Zitronensaft und Preiselbeerkompott abschmecken.

Ochsenschwanzragout

Zutaten *1,5 kg Ochsenschwanz*
Butterschmalz
3 Zwiebeln
5 Möhren
2 Lorbeerblätter
4 Nelken
1 TL Thymian
1/2 l Rotwein
Cayennepfeffer
Salz
1 EL brauner Zucker
Saft und abgeriebene Schale einer unbehandelten Zitrone

Zubereitung

Den in Stücke gehackten Ochsenschwanz in reichlich Butterschmalz in einem Bräter anbraten. Die grobgehackten Zwiebeln, die geriebenen Möhren sowie die Gewürze dazugeben, gut durchmischen und mit 1/2 l Rotwein auffüllen. Im geschlossenen Topf auf kleiner Flamme ca. 1 1/2 Stunden schmoren lassen. Mit Cayennepfeffer, Salz, braunem Zucker, dem Saft und der abgeriebenen Schale einer Zitrone würzen. Das Fleisch von den Knochen lösen, die Brühe durchseihen und mit einer braunen Buttermehlschwitze binden.

Omas Tip

Spritzendes Fett läßt sich vermeiden, indem man beim Erhitzen eine Brotrinde in die Pfanne legt. Eine gute Prise Salz oder Mehl erfüllt denselben Zweck.

Schweinebraten

Seinen speziellen, unnachahmlichen Geschmack erhält dieser Schweinebraten durch das dunkle Bier. Ganz wichtig ist, daß der Braten immer wieder mit dem Bier übergossen wird, damit er schön saftig und knusprig wird. Man kann auch noch grobgehackten Knoblauch und Kümmel mitbraten, das verleiht der Sauce einen besonderen intensiven Geschmack. Der Braten wird viel leichter verdaulich, wenn man ein Stückchen Ingwer mitkocht. Ingwer tut der Gallenblase gut und regt die Bauchspeicheldrüse an.

Zutaten *1 kg Schweinebraten mit Schwarte*
Pfeffer
Salz
50 g Schweineschmalz
100 ml dunkles Bier
Knoblauch, Kümmel, Ingwer

Zubereitung

Die Schwarte in kleine Vierecke einschneiden. Den Braten pfeffern und salzen. Den Backofen auf 200 °C vorheizen und in der Fettpfanne des Backofens etwas Schmalz zerlassen. Den Braten zunächst auf der Fettseite anbraten und dann auf der anderen Seite in ca. 90 Minuten garbraten. Immer mal wieder mit Bier übergießen. Das Bier mischt sich mit dem Speck- und Fleischsaft zu einer herrlichen Sauce. Sie sollte nicht weiter verfeinert werden. Dazu reicht man natürlich Semmelknödel und das ein oder andere Bier.

Omas Tip

Früher waren Temperaturen, wie sie moderne Backöfen erreichen, fast unmöglich zu erzielen, was aber für das Braten von Fleisch von großem Vorteil war. Wenn man einen Braten schön zart bekommen und das Austrocknen vermeiden will, sollte man ihn, nach dem Anbraten, im Backofen bei maximal 100 °C in einer Kasserolle mit Deckel garen. Das dauert etwas länger und kann, je nach Größe des Bratguts, zwischen 3 und 5 Stunden in Anspruch nehmen. Dafür wird man aber mit einem wunderbar saftigen Stück Fleisch belohnt.

Bollenfleisch

Bollenfleisch ist ein Rezept, das seinen Namen von den Zwiebeln – in Berlin nennt man sie »Bollen« - hat, die mit dem Lammfleisch gegart werden.

Zutaten *750 g Lammfleisch*
750 g Zwiebeln
1/2 EL Kümmel
Salz
1 l Wasser
50 g Margarine
2 EL Mehl
Salz
Pfeffer
1 Knoblauchzehe

Zubereitung

Das abgespülte Fleisch in grobe Würfel schneiden. Die Zwiebel schälen und in Scheiben schneiden. Beides in einen Schmortopf geben, mit Kümmel und Salz würzen und Wasser hinzufügen. Das Fleisch garkochen und hin und wieder den sich bildenden Schaum abschöpfen. Das Fleisch aus der Brühe nehmen und diese durchsieben. Aus Fett und Mehl eine Mehlschwitze herstellen und dann mit der Brühe so auffüllen, daß eine sämige Sauce entsteht. Zum Schluß mit Salz, Pfeffer und Knoblauch abschmecken.

Für eine eher südländische Variante schmort man alles erst in Olivenöl, würzt mit viel Oregano, etwas Thymian und Knoblauch, und setzt dann mit wenig Wasser zum Garkochen an. Zum Schluß bindet man die Sauce mit 1 Becher Crème fraîche.

Omas Tip

Wichtig bei allen Fleischrezepten ist, daß das rohe Fleisch richtig geschnitten wird. Grundsätzlich gilt: Immer gegen die Faser schneiden.

Bratwurst in Bier

Zutaten *4 Bratwürste*
Butter
1/2 Zwiebel
1 1/2 Tassen Bier
1 Lorbeerblatt
Pfeffer
Salz
1 EL Stärkemehl

Zubereitung

Bratwürste mit kochendem Wasser übergießen und abtrocknen. In etwas Butter und mit in Scheiben geschnittener Zwiebel die Bratwürste anbräunen, dann mit dem Bier ablöschen und schnell zum Kochen bringen. Mit Lorbeerblatt, Pfeffer und Salz würzen. Hitze reduzieren und die mit Bier bedeckte Bratwurst ca. 15 Minuten bei kleiner Flamme garen. Würste warm stellen. Mit 1 Eßlöffel Stärkemehl die Sauce andicken. Mit Kartoffelpüree servieren.

Lecker schmecken die Würste auch in einer süßlichen Variante, bei der man die Sauce mit Honig statt mit Stärkemehl bindet.

Omas Tip

Wenn man Bratwurst in Milch oder Sahne einlegt, trockentupft und diese anschließend in Öl anbrät, wird die Wurst krosser. Bratwürste nie mit der Gabel einstechen, sonst platzen sie zu schnell. Lieber mit einer scharfen Messerspitze einstechen oder vor dem Braten in Mehl wenden.

Frikadellen

Frikadellen gehören zum Standardrepertoire der deutschen Küche und sind als kleiner Imbiß zum Bier unentbehrliches »Grundnahrungsmittel« in fast allen deutschen Gaststätten. Streng genommen handelt es sich bei Frikadellen um unpanierte Fleischklopse, die sich durch die fehlende Panade von ihren Berliner Verwandten, den Buletten, unterscheiden.

Zutaten
2 eingeweichte Brötchen
ca. 1 Tasse Milch
125 g Rinderhack
125 g Kalbshack
125 g Schweinehack
125 g feine Bratwurstmasse
2 Zwiebeln, feingehackt
1 Ei
Salz
Pfeffer
1 Reibestrich Muskat
50 g Butter

Zubereitung

Die Brötchen in Milch einweichen, ausdrücken und mit dem Fleisch und den Gewürzen mischen, bis die nötige Bindung vorhanden ist. In der Butter die geformten Klopse hellbraun anbraten.

Omas Tip

Möchte man die Frikadellen mal verfeinern, gibt man der Hackmasse Petersilie bei, oder man mischt etwas abgeriebene Zitronenschale unter.

Sauerfleisch mit Backpflaumen

Bei vielen Rezepten aus Omas Zeit findet sich die Kombination von Fleischgerichten mit Obst. Der Grund dafür ist schnell gefunden: Wenn sich im Sommer und im Herbst die Bäume und Büsche unter der Last ihrer Früchte bogen, wurden die jeweiligen Obstsorten sofort zum Bestandteil des Speiseplans. Und dies nicht nur bei Nachspeisen und Kuchen, sondern auch bei Fleischgerichten, wie das vorliegende zeigt. Backpflaumen sind sehr geschmacksintensiv und lassen sich lange aufbewahren. Wenn man sie selbst zubereiten möchte, so kann man dies im Backofen tun.

Zutaten

300 g Schweinefleisch
300 g Rindfleisch
1 EL Salz
2 Lorbeerblätter
250 g Backpflaumen
80 g Zucker
30 ml Essig
Pfeffer
Rosinen

Zubereitung

Das Fleisch in mundgerechte Stücke schneiden, in einen ausreichend großen Topf legen, mit Wasser bedecken und das Salz und die Lorbeerblätter dazugeben. Etwa 1 Stunde kochen lassen, dann die Backpflaumen mit dem Zucker und dem Essig dazugeben, nochmals ca. 15 Minuten kochen lassen. Zum Schluß die Rosinen hinzufügen und erneut etwa 15 Minuten kochen lassen. Wenn keine Flüssigkeit mehr vorhanden ist, kann man Wasser nachfüllen. Zum Schluß mit Salz und Pfeffer abschmecken und mit Salzkartoffeln servieren.

Omas Tip

Backpflaumen sind viel aromatischer, wenn man sie in Tee anstatt in Wasser einlegt.

Kapitel 9

Nachspeisen und andere süße Sachen

Obstkalender

Januar bis April

Äpfel, Mandarinen, Orangen

Mai bis Juni

Aprikosen, Erdbeeren, Melonen, Rhabarber

Juli bis August

Äpfel, Aprikosen, Birnen, Brombeeren, Erdbeeren, Heidelbeeren, Himbeeren, Kirschen, Melonen, Mirabellen, Nektarinen, Pfirsiche, Pflaumen, Stachelbeeren, Weintrauben

September bis Oktober

Äpfel, Birnen, Brombeeren, Melonen, Mirabellen, Pflaumen, Weintrauben

November bis Dezember

Äpfel, Orangen, Mandarinen

Quarkauflauf mit Brotresten

Quark stellte zu Omas Zeiten die geschätzte Grundlage für viele süße Leckereien dar. Milch war als Grundnahrungsmittel für wenig Geld beim Bauern zu bekommen, und durch die Zugabe von Lab oder durch natürliche Säuerung ließ sich sehr einfach Quark herstellen. Quark ist in allen deutschen Regionen bekannt und geschätzt, oft auch unter anderen Namen wie etwa Glumse, Topfen, Matte, Matz oder Weißkäse.

Zutaten

500 g Quark
40 g Mehl
60–80 g Semmelbrösel
Fett für die Auflaufform
Weißbrotscheiben
nach Geschmack Zucker, Sultaninen und Zitronenschale
1/2 l Milch
2 Eier
20 g Butter

Zubereitung

Quark, Mehl und Semmelbrösel werden zu einer krümeligen Masse verarbeitet. Eine gefettete Auflaufform wird mit einer Lage Weißbrotscheiben belegt, etwas gezuckert und mit geriebener Zitronenschale und Sultaninen bestreut. Darüber kommt eine Lage Quarkmasse, wieder Brotscheiben und so fort. Die Milch mit den Eiern verquirlen und über den Auflauf gießen. Butterflöckchen darüber verteilen und den Auflauf im vorgeheizten Backofen ca. 3/4 Stunde backen. Dazu reicht man Kompott, Frischobst, Beerenobst oder Vanillesauce.

Omas Tip

Gibt man eine Mischung aus Semmelbröseln, Zucker und Mandelsplittern vor dem Backen über den Auflauf, bekommt dieser eine lekkere Kruste.

Gugelhupf

Zutaten

125 g warme Butter
3 Eier, getrennt
200 g Quark
300 g Mehl
1 Päckchen Backpulver
200 g Zucker
1 TL abgeriebene Zitronenschale
1 Prise Salz
einige Sultaninen
gehackte Haselnüsse oder Mandeln
Butter für die Form

Zubereitung

Die Butter mit dem Schneebesen schaumig rühren. Das Eigelb, den durchgestrichenen Quark, das gesiebte Mehl mit dem Backpulver und die übrigen Zutaten unterrühren. Zum Schluß das zu steifem Schnee geschlagene Eiweiß unterheben. Die Gugelhupfform einfetten und die Masse vorsichtig einfüllen. Im vorgeheizten Backofen etwa 45 bis 60 Minuten backen.

Omas Tip

Mehl und Backpulver zuerst durch ein Sieb streichen, bevor man es dem Teig zufügt.

Buttermilch-Erdbeerschale

Besonders zur Sommerzeit, an den heißen Tagen, wenn die Sonne die Luft zum Flirren bringt, ist diese Nachspeise eine leichte und leckere Erfrischung.

Zutaten
1/2 l Buttermilch
8 Blatt gelöste Gelatine
1/2 kg Erdbeeren
Zucker

Zubereitung

Die Erdbeeren waschen, putzen und zuckern. Die Buttermilch mit der gelösten Gelatine verrühren. Die Erdbeeren mit Saft unterheben, in eine Form füllen, im Kühlschrank erkalten lassen und anschließend stürzen. Mit den restlichen Erdbeeren verzieren und servieren. Dieses Dessert kann man mit anderen Beerensorten herstellen.

Omas Tip

Zunächst etwas Buttermilch erhitzen, und die gut ausgedrückte Gelatine darin unterschlagen und sich auflösen lassen; zur restlichen Buttermilch geben und etwas anziehen lassen. Die Erdbeeren werden zuerst gewaschen, dann geputzt. So saugen sie nicht zuviel Wasser auf und werden nicht matschig.

Kalte Buttermilchschüssel

Zitronen gehörten zu Omas Zeiten zu den sogenannten Kolonialwaren, die sehr teuer waren und deshalb nur selten in Gerichten verwandt wurden. Ihr Einsatz blieb besonderen Anlässen vorbehalten, und man ging mit ihnen deshalb äußerst sparsam um. So erklärt sich, daß auch die Zitronenschale wegen ihres Aromas gern genutzt wurde, um nichts von dieser teuren Frucht zu vergeuden.

Zutaten

1 1/2 l Buttermilch
150 g Pumpernickel
1 TL abgeriebene Zitronenschale
Zucker nach Geschmack

Zubereitung

Pumpernickel zerbröseln und mit der Buttermilch verrühren. Mit Zucker und der abgeriebenen Zitronenschale abschmecken und einige Stunden recht kalt stellen. Im Sommer ist das eine wunderbare Erfrischung.

Vanillesauce

Die Vanille, eine Orchideenart, wurde durch die Spanier im 16. Jahrhundert nach Europa gebracht. Sie war zu dieser Zeit, wie alle exotischen Gewürze, unerschwinglich und spielte deshalb in den regionalen Küchen keine Rolle. Im Jahre 1874 gelang erstmals die Synthetisierung des Vanillearomas, und schon bald hielt die Vanille, vorwiegend in Form des in kleine Tütchen abgepackten Vanillezuckers, Einzug in die deutsche Geschmackswelt.

Zutaten *1/2 l Milch*
1 Ei
1 EL Zucker
1 Vanilleschote oder 1 Päckchen Vanillezucker
2 TL Stärkemehl

Zubereitung

Die Milch in einem Emailletopf erhitzen. Zutaten hineingeben und unter weiterem Rühren zum Sieden bringen, wobei darauf zu achten ist, daß die Milch nicht kocht, da das Ei sonst stockt. Von der Herdplatte nehmen und kalt stellen.

Omas Tip

Das Stärkemehl zuerst mit etwas Milch glatt rühren und in die nicht mehr ganz kalte Milch einrühren.

Apfelkompott

Zutaten *1 kg mürbe Äpfel*
50 g Rosinen
20–30 g Mandeln oder Nüsse
80 g Zucker
1/2 l Wasser

Zubereitung

Die Äpfel schälen, das Kerngehäuse entfernen und gleichmäßige Schnitze schneiden. Die Rosinen waschen und die Mandeln bzw. Nüsse hacken. Die Äpfel mit den Rosinen, den Mandeln, dem Zucker und dem Wasser kochen, bis die Äpfel weich, aber nicht zerfallen sind.

Eine leckere Variante von Apfelkompott kann man herstellen, indem man die Rosinen und Mandeln wegläßt und statt dessen das Kompott mit der abgeriebenen Schale einer halben Zitrone und einer Prise Zimt würzt oder eine Stange Zimt mitkocht.

Omas Tip

Will man den Geschmack des Kompotts noch intensivieren, kann man statt des Wassers zum Kochen auch naturtrüben, ungezuckerten Apfelsaft nehmen.

Pflaumenkompott

Zutaten *1 kg Pflaumen*
80 g Zucker
1/8 l Wasser
Zimt

Zubereitung

Die Pflaumen waschen, entsteinen und mit kaltem Zuckerwasser aufsetzen. Einige Male aufkochen lassen und mit Zimt würzen. Die Pflaumensauce kann man mit etwas Stärkemehl binden.

Omas Tip

Man kann selbstgemachtes Kompott verfeinern, indem man vor dem Erkalten ein Stück Butter dazugibt oder die Früchte vor der Verwendung in Alkohol einlegt, wobei sich für Pflaumen besonders Armagnac und für Äpfel Calvados eignet. Ganz fein wird es, wenn man zum Kochen nur zur Hälfte Wasser nimmt und den Rest mit Weißwein aufgießt.

Zitronenspeise

Zutaten *5 Blatt weiße Gelatine*
Saft von 2 Zitronen
80–120 g Zucker
1/8 l Milch
250 g Quark

Zubereitung

Die Gelatine in wenig warmem Wasser auflösen. Zitronensaft und Zucker dazugeben und verrühren. Den mit Milch sahnig geschlagenen Quark unterheben und kalt stellen.

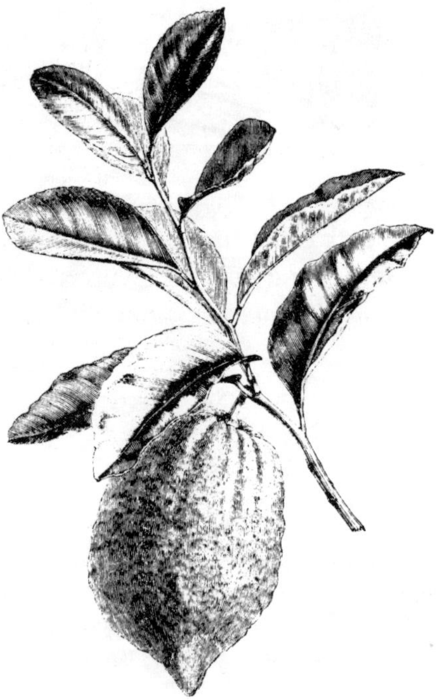

Errötendes Mädchen

Zutaten *3 Blatt rote Gelatine*
8 EL Johannisbeergelee
4 Eiweiß

Zubereitung

Die Gelatine in warmem Wasser auflösen. Johannisbeergelee dazurühren und die Masse unter den steifgeschlagenen Eischnee heben, kaltstellen und eventuell verzieren.

Omas Tip

Garantiert steifes Eiweiß erhält man, wenn man es mit etwas Stärkemehl oder Puderzucker aufschlägt und ein paar Tropfen Zitronensaft dazugibt.

Rote Grütze

Zutaten *250 g Himbeeren*
250 g Johannisbeeren
250 g Brombeeren
150 g Kartoffelmehl
150 g Zucker je nach Geschmack
3/4 l Wasser

Zubereitung

Ein paar Himbeeren beiseite legen. Die restlichen Beeren, alle drei Sorten, kocht man mit 3/4 l Wasser bei aufgelegtem Deckel ca. 10 Minuten, läßt sie in einem Sieb abtropfen und drückt sie aus. Diese Flüssigkeit bringt man zum Kochen, gießt das angerührte Mehl dazu und kocht die Flüssigkeit mit Zucker unter ständigem Rühren auf. Anschließend in Dessertschalen füllen und erkalten lassen. – Wenn man die Grütze in eine große Schüssel füllt, sollte man diese zunächst mit kaltem Wasser ausspülen. Dadurch läßt sich die Grütze hinterher gut stürzen.

Vanillecreme

Zutaten *40 g Stärkemehl*
2 Eier, getrennt
1 Vanilleschote
60 g Zucker
1/2 l Milch

Zubereitung

In einem Topf das Stärkemehl mit dem Eigelb, der Vanilleschote, dem Zucker mit der Milch kalt anrühren und mit dem Schneebesen unter Rühren aufkochen lassen. Nach dem Kochen sofort von der Herdplatte nehmen. Die Creme abkühlen lassen und den steifgeschlagenen Eischnee leicht unterheben.

Omas Tip

Der Geschmack eines solchen Desserts verbessert sich ungemein, wenn man die Vanilleschote der Länge nach aufschneidet und das Mark herauskratzt. Die leere Hülse kann man dennoch mitkochen und vor dem Servieren entfernen.

Schokoladencreme

Es gab Zeiten, da wurde Kakao, Grundstoff für die Zubereitung von Schokolade, mit Gold aufgewogen. So war denn auch Schokolade ein Luxusartikel, von dem auch die Kinder der besseren Kreise die meiste Zeit im Jahr nur träumen durften. Wie groß war der Jubel, wenn an Feiertagen zum Abschluß eines opulenten Mahls eine Schüssel Schokoladencreme auf den Tisch kam!

Zutaten *60 g Speisestärke*
1 Tafel Schokolade
2 Eier, getrennt
30 g Zucker
1/2 l Milch

Zubereitung

In einem Topf Stärkemehl, Eigelb, die geriebene Schokolade, Zucker und Milch kalt anrühren, mit einem Schneebesen unter ständigem Rühren aufkochen lassen und sofort von der Herdplatte nehmen. Die Creme abkühlen lassen und vorsichtig den steifgeschlagenen Eischnee unterheben.

Omas Tip

Man nimmt am besten bittere Schokolade, da die Nachspeise sonst zu süß wird.

Aus Omas Küche stammt ein sehr einfacher Tip, um den Eischnee garantiert steif zu bekommen. Das Eiweiß darf kein Fett und keine Spuren von Eigelb enthalten, sonst wird es nicht steif. Wenn man eine Prise Salz oder Zucker vor dem Schlagen zugibt, wird es garantiert schön fest. Die besten Ergebnisse erzielt man, wenn man das Eiweiß vor dem Schlagen einige Zeit in den Kühlschrank stellt. Beim Quirlen muß man darauf achten, daß der Quirl nicht zu schnell läuft und die Geräte frei von Fettrückständen sind.

Kaffeecreme

Zutaten *60 g Speisestärke*
80–100 g Zucker
100 ml starker Kaffee
2 Eier, getrennt
1/2 l Milch

Zubereitung

In einem Topf Stärkemehl, Eigelb, Kaffee und Zucker mit der Milch kalt anrühren und mit einem Schneebesen unter ständigem Rühren aufkochen lassen; sofort von der Herdplatte nehmen. Die Creme kalt stellen und vorsichtig den steifgeschlagenen Eischnee unterheben.

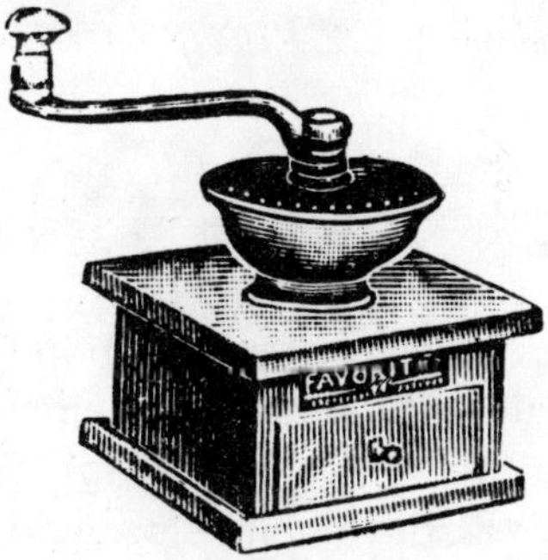

Karamelcreme

Zutaten
100 g Zucker
1/8 l Wasser
2 EL Stärkemehl
1–2 Eigelbe
1 Päckchen Vanillinzucker
1/4 l Milch
Schnee von 2 Eiweiß oder 1/4 l Schlagsahne

Zubereitung

Die Hälfte des Zuckers bräunt man in einer Kasserolle unter ständigem Rühren goldgelb an und löscht den so entstehenden Karamel mit heißem Wasser ab. Man rührt Stärkemehl mit dem Eigelb, dem Vanillezucker und der Milch kalt an und gießt die Karamellösung dazu. Die Creme kalt stellen und den steifgeschlagenen Eischnee oder die geschlagene Sahne vorsichtig unterheben.

Flammeris

Wie so viele Rezepte in der deutschen Küche stammt auch dieses von den Franzosen. Flammeris schmecken besonders gut mit Kompott aus Früchten, die man frisch geerntet hat. Statt des Kartoffelmehls kann man auch Gries nehmen, dann erhält man die sogenannten Griesflammeris.

Zutaten *100 g Kartoffelmehl*
1 l Milch
100 g Zucker
30 g geschälte, gemahlene Mandeln oder Nüsse
etwas Zitronenschale, unbehandelt
1 Prise Salz
1 Ei, getrennt

Zubereitung

Das Mehl mit einem kleinen Teil der Milch glattrühren. In einem Topf die restliche Milch mit dem Zucker, den Nüssen, der Zitronenschale und der Prise Salz kalt anrühren und unter ständigem Rühren zum Kochen bringen. Das Mehl einlaufen lassen und einige Minuten köcheln lassen. Vom Herd nehmen, kurz abkühlen lassen und unter heftigem Schlagen das Eigelb dazugeben. Anschließend das steifgeschlagene Eiweiß unterheben. Die Masse in eine Form füllen und kalt stellen. Vor dem Servieren stürzen und mit Fruchtsaft oder Sirup servieren.

Omas Tip

Man kann Flammeri auch gut für Obstböden verwenden. Die warme Masse auf den Kuchenboden geben und erkalten lassen. Anschließend mit Obst belegen. Der Kuchen schmeckt köstlich, und durch das Flammeri wird ein vorzeitiges Durchweichen des Bodens verhindert.

Reispudding

Zutaten

200 g Reis
1 l Milch
Vanillinzucker
1 Prise Salz
60 g Butter
1–2 Eier
60 g Zucker
Butter zum Einfetten

Zubereitung

Den gewaschenen Reis in der Milch mit Vanille und etwas Salz weichkochen und erkalten lassen. Die Butter schaumig rühren, Eigelb und Zucker unterrühren, den kalten Reis untermischen und den Eischnee unterziehen. Die Masse in eine gefettete, mit Mehl bestreute Form geben und ca. 1 Stunde im Wasserbad kochen. Mit Sirup oder Früchten servieren.

Omas Tip

Für Süßspeisen verwendet man am besten Rundkornreis (Milchreis). Der Pudding wird besonders locker, wenn man 1 bis 2 Eßlöffel steifgeschlagenes Eiweiß unterhebt.

Wackelpeter

Zutaten
80 g Speisestärke
2 Eier, getrennt
1 l Milch
30 g geschälte, gemahlene Mandeln oder Nüsse
100 g Zucker
Vanillin
1 Prise Salz

Zubereitung

Das Mehl und die 2 Eigelbe mit einem Teil der Milch anrühren. Die restliche Milch mit dem Zucker, den Nüssen und der Prise Salz kalt anrühren und zum Kochen bringen. Das angerührte Mehl einlaufen lassen und einige Minuten kochen, dann von der Herdplatte nehmen. Eiweiß zu steifem Schnee schlagen, vorsichtig unter die Masse heben und in eine vorbereitete Form füllen. Den Wackelpeter kalt stellen, stürzen und mit Früchten oder Sirup servieren.

Omas Tip

Besser verwendet man statt Vanillin oder Vanillinzucker immer eine Vanilleschote. Der Geschmack ist weniger aufdringlich.

Reisauflauf mit Quark

Zutaten *250 g Milchreis*
1 l Milch
1 Prise Salz
1–2 Eier
50 g Zucker
Schale von einer 1/2 Zitrone, gerieben
500 g Quark
50 g Sultaninen
abgezogene und grobgeschnittene Nüsse oder Mandeln
einige Butterflöckchen

Zubereitung

Den Reis waschen und in der Milch mit etwas Salz weichkochen und abkühlen lassen. Eigelb, Zucker und Zitronenschale schaumig rühren und unter den erkalteten Reisbrei mischen. Den durch ein Sieb gestrichenen, möglichst trockenen Quark mit unter den Reisauflauf mischen und zum Schluß vorsichtig den Eischnee unterheben. Nüsse und Sultaninen fein hacken und in die Masse geben. Alles in eine gebutterte Auflaufform füllen und im Backofen 30 bis 45 Minuten bei 180 °C backen.

Omas Tip

Bei Zitronen sollte man unbehandelte Früchte kaufen. Keinesfalls das bittere Weiße der Haut benutzen. Man benötigt eine feine, scharfe Reibe, auf der man die trockene Schale abreiben kann.

Apfelauflauf

Zutaten *1 1/2 kg Äpfel*
Zucker nach Bedarf
50 g Mandeln oder Nüsse, gemahlen
50 g Sultaninen
1/4 l Milch
1–2 Eier

Zubereitung

Die Äpfel schälen, das Kerngehäuse entfernen und Schnitze schneiden. Die Äpfel in eine gefettete Auflaufform legen, Zucker, die gemahlenen Mandeln oder Nüsse, die gewaschenen Sultaninen darüber streuen. In den vorgeheizten Backofen schieben und backen bis die Äpfel weich sind. Dann die aus Milch, Eiern und Zucker hergestellte Flüssigkeit darübergießen und noch einmal im Backofen goldgelb backen.

Omas Tip

Besonders lecker schmeckt der Apfelauflauf mit warmer Vanillesauce.

Waffeln

Wer von uns, der es erlebt hat, erinnert sich nicht gerne an die schweren, eisernen Waffeleisen, die zu den ersten elektrischen Haushaltsgeräten gehörten, die etwas technische Finesse in die deutschen Küchen brachten? Wenn dann am Samstag oder Sonntag von der Oma frische Waffeln mit Vanilleeis oder heißen Kirschen zubereitet wurden, strömten die Kinder aus der Nachbarschaft wie von einem Magneten angezogen herbei, um am großen Waffel-Wettessen teilzunehmen.

Zutaten *500 g Mehl*
1 Päckchen Backpulver
3/4–1 l Milch
2 Eigelbe
1 TL Salz
40 g zerlassene Butter
Schnee von 2 Eiweiß

Zubereitung

Das Mehl sieben und das Backpulver untermischen. Aus Mehl, Milch, Eigelb und Salz einen glatten Teig rühren. Dann das zerlassene Fett und zuletzt den steifen Schnee untermischen. Das Waffeleisen vorheizen, einfetten und die Waffeln backen.

Für Hefewaffeln nimmt man statt des Backpulvers 10 g in warmer Milch aufgelöste Hefe und läßt den Teig vor dem Backen 1/2 Stunde an einem warmen Ort gehen. Für diesen Teig genügt 1 Ei.

Omas Tip

Waffeln werden knuspriger, wenn sie statt mit Milch mit Wasser gemacht werden. Außerdem können sie vor dem Servieren im Backofen nochmals knusprig aufgebacken werden.

Apfel im Schlafrock

Äpfel sind wohl das älteste und auch weitverbreitetste Kernobst in deutschen Landen. Entsprechend vielfältig sind die Rezepte, die sich um diesen gesunden und leckeren Vitaminlieferanten entwickelt haben. Der Apfel im Schlafrock gehört schon längst zu den Klassikern deutscher Küche.

Zutaten
40 g Hefe
250 g Mehl
80 g Margarine oder Butter
150 g Quark
1 Prise Salz
100 g Zucker
eventuell 1 Ei oder Milch
6 mittelgroße Äpfel
15 g Butter oder Margarine
30 g Sultaninen
30 g Zucker
etwas abgeriebene Zitronenschale
gehackte Mandeln oder Nüsse zum Bestreuen
Eigelb oder Milch zum Bestreichen

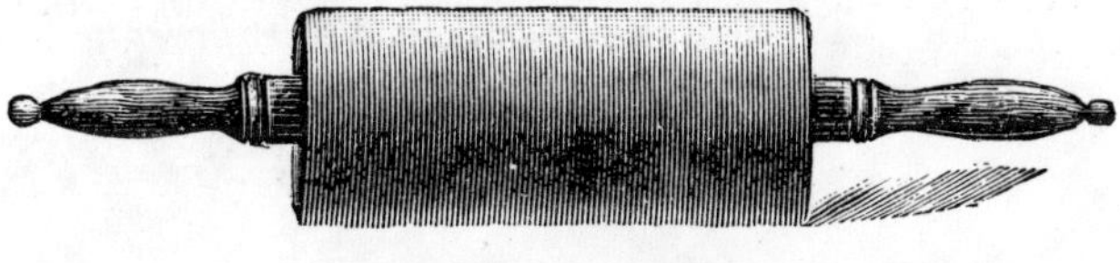

Zubereitung

Die Hefe mit 1 Eßlöffel lauwarmer Milch glattrühren. Das Mehl in eine Schüssel sieben, in der Mitte des Mehls eine kleine Kuhle formen und die aufgelöste Hefe hineingeben. Mit einem Küchenhandtuch abgedeckt an einem warmen Ort die Hefe gehen lassen. Dann das zerlassene, lauwarme Fett, den durchs Sieb gestrichenen Quark, Salz und Zucker und die Zitronenschale in die Schüssel geben und mit so viel lauwarmer Milch verrühren, daß ein glatter Teig entsteht. Den Teig so lange schlagen, bis er sich von der Schüssel löst, und wieder an einem warmen Ort gehen lassen.

In der Zwischenzeit die Äpfel schälen und vorsichtig das Kerngehäuse herausschneiden. Die Höhlung mit etwas Butter, den gewaschenen Sultaninen und ein wenig Zucker ausfüllen. Den Teig 1/2 cm dick ausrollen und gleichmäßige Vierecke abrädeln. Auf jedes Stück einen gefüllten Apfel setzen und die vier Teigzipfel oben zusammenkleben. Die Äpfel auf ein gefettetes Backblech setzen und mit Eigelb oder Margarine bestreichen. Bei mittlerer Hitze bakken. Nach dem Backen mit Zucker und Nüssen bestreuen und eventuell mit warmer Vanillesauce servieren.

Omas Tip

Apfel im Schlafrock kann man auch mit Mürbeteig zubereiten. Der Apfel ist innen schön weich, und die Umhüllung schmeckt knusprig. Die Rosinen zuvor in Rum einlegen und diese dann mit Würfelzucker in die ausgehöhlten Äpfel füllen.

Apfelkuchen

Zutaten *15 g Hefe*
250 g Mehl
30 g Butter
Salz
Milch
1 kg Äpfel
100 g Zucker
20 g Butter
1 Eigelb
15 g Zucker
20 g grobgeschnittene Mandeln oder Haselnüsse

Zubereitung

Die Hefe mit 1 Eßlöffel lauwarmer Milch glattrühren. Mehl in eine Schüssel mischen und in der Mitte eine kleine Kuhle formen, die glattgerührte Hefe hineingeben und an einem warmen Ort gehen lassen. Danach die Butter, das Salz und so viel lauwarme Milch dazugeben, daß sich die Masse zu einem glatten Teig verarbeiten läßt. Den Teig nochmals an einem warmen Ort gehen lassen. In der Zwischenzeit die Äpfel schälen, in gleichmäßige Scheiben schneiden und einige Zeit gezuckert stehen lassen. Den Hefeteig ausrollen und auf ein gefettetes Backblech oder eine Backform legen. Die Apfelscheiben auf den Kuchenboden legen und dann mit einer Mischung aus zerlassener Butter, dem Saft der Äpfel und dem Eigelb bestreichen. Zucker und Haselnüsse darüberstreuen und den Kuchen im vorgeheizten Backofen backen.

Omas Tip

Falls der Hefeteig nicht gehen will, weil die Hefe nicht frisch genug war, gibt es folgenden Trick: Den Teig ausrollen, gleichmäßig Backpulver darauf verteilen und den Teig nochmals gut durchkneten. Nun ist der Hefeteig backfertig.

Verwendet man beim Backen von Obstkuchen statt normalem Zucker Gelierzucker, verhindert man das Überlaufen des Fruchtsaftes auf das Blech.

Die Garprobe bei Kuchen sollte immer mit einem Holzstäbchen vorgenommen werden, nicht mit einer Metallnadel. An der rauhen Holzoberfläche bleiben die Teigreste hängen, wenn der Kuchen noch nicht gar ist. Bei einer Metallnadel funktioniert das nicht.

Stachelbeerkuchen

Wegen ihres hohen Zuckergehalts eignen sich Stachelbeeren hervorragend zur Herstellung von Kompotts, Konfitüren und auch Obstwein. Aber auch dieser Kuchen ist nicht zu verachten, vor allem, wenn er an einem heißen Sommertag frisch vom Blech auf die Teller kommt.

Zutaten *35 g Hefe*
150 ml Milch
500 g Mehl
etwas Salz
Fett zum Bestreichen
125 g Quark
1 Ei
25 g Mehl
1 Prise Zimt
abgeriebene Zitronenschale
25–30 g Zucker
1 kg grüne Stachelbeeren
80 g Zucker

Zubereitung

Die Hefe in etwas lauwarmer Milch auflösen und gehen lassen. Das Mehl in eine Schüssel geben und in der Mitte eine Kuhle formen. Die aufgelöste Hefe hineingeben und mischen. Nach ca. 30 Minuten mit der restlichen lauwarmen Milch einen Hefeteig kneten. Den Teig dünn ausrollen und auf ein gefettetes Backblech legen, gehen lassen und vor dem Backen mit zerlassener Butter bestreichen.

Für den Belag den durchgestrichenen Quark mit Ei, Mehl, Zimt, Zitronenschale und Zucker zu einem steifen Brei verrühren und den Brei auf den rohen Hefeteig verteilen. Die gewaschenen Stachelbeeren roh darüber verteilen und im vorgeheizten Backofen fertig backen und dann sofort den warmen Kuchen überzuckern.

Omas Tip

Damit der Hefeteig beim Kneten nicht an den Händen kleben bleibt, reibt man die Hände vorher mit Öl oder Butter ein. Der Teig läßt sich dann wunderbar verarbeiten.

Salz darf nicht mit dem Vorteig in Berührung kommen, es hemmt die Entwicklung der Hefe.

Rhabarberkuchen

Rhabarber wurde in Deutschland zuerst als reine Arzneipflanze kultiviert. Erst viel später kam man darauf, wie gut sich die »barbarische Wurzel« für die Kompottherstellung und natürlich auch als Kuchenbelag eignet.

Zutaten *100 g Butter*
1 Ei
80 g Zucker
abgeriebene Schale einer 1/2 Zitrone
220 g Mehl
1/2 Päckchen Backpulver
Milch
1 kg Rhabarber
Zucker zum Bestreuen

Zubereitung

Butter schaumig rühren, Ei, Zucker, Zitronenschale und nach und nach das Mehl dazugeben. Das Backpulver mit dem übrigen Mehl vermischen und mit ganz wenig Milch zu dem Teig geben. Den Teig gut verarbeiten, ausrollen und in eine gefettete Springform legen. Den Rhabarber roh geschnitten darauf verteilen und im vorgeheizten Backofen backen. Sofort nach dem Backen den Kuchen mit reichlich Zucker bestreuen.

Omas Tip

Wenn man den Kuchen vor dem Backen zuckert, wässert der Rhabarber zu stark!

Belegt man bei saftigen Obstkuchen den Kuchenrand mit Apfelschnitzen, verhindert man, daß beim Backen der Obstsaft in den Backofen tropft.

Schlesischer Streuselkuchen

Aus Schlesien stammt das Urrezept für den Streuselkuchen, nach dem es heute in ganz Deutschland, mit der einen oder anderen regionalen Variante, noch immer zubereitet wird. Das Geheimnis für einen wirklich exzellenten Streuselkuchen ist natürlich auch von Großmutter überliefert: Nach dem Backen soll man den Kuchen auf ein Kuchengitter setzen und an einem gut belüfteten Platz ohne Durchzug auskühlen lassen. So behält er seine schöne Kruste und wird nicht weich.

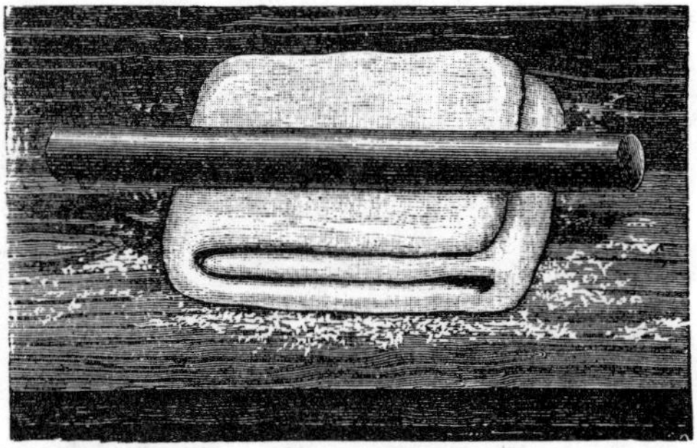

Zutaten

500 g Mehl
35 g Hefe
Milch
1 TL Salz
80 g Zucker

Für die Streusel

150 g Mehl
150 g Zucker
100–150 g Haselnüsse
1 TL Zimt
150 g Butter
30 g Margarine

Zubereitung

Einen Hefeteig aus Mehl, Hefe, lauwarmer Milch, Salz und Zucker zubereiten, gehen lassen, ausrollen und auf ein gefettetes Backblech legen und noch etwa 5 Minuten gehen lassen. Mehl, Zucker, die grobgehackten Haselnüsse und den Zimt mischen. Die weiche Butter in Flöckchen dazugeben und mit kühlen Händen Streusel formen. Den Teig mit etwas Fett bestreichen, die Streusel darüber verteilen und bei mittlerer Hitze etwa 1/2 Stunde backen. Besprüht man die Streusel sofort nach dem Backen mit Wasser, bekommt man schöne mürbe Streusel.

Käsekuchen

Zutaten *50 g Butter*
Salz
abgeriebene Zitronenschale
50 g Zucker
250 g Mehl
1 TL Backpulver
Milch nach Bedarf
3/4 kg trockener frischer Quark
80–100 ml Milch
80–100 g Mehl
2 Eier, getrennt
100 g Zucker
30 g Korinthen
Zitronenschale
40 g Nüsse oder Mandeln
1 Messerspitze Salz

Zubereitung

Butter und Salz, abgeriebene Zitronenschale und Zucker schaumig rühren. Nach und nach das gesiebte, mit Backpulver gemischte Mehl abwechselnd mit der Milch zugeben. Den Teig auf einer bemehlten Fläche verkneten, gleichmäßig ausrollen und auf ein gefettetes Backblech legen. Den Quark durch ein Sieb streichen und mit Milch, Mehl, Eigelb, Zucker, Korinthen, Zitronenschale, kleingehackten Nüssen und dem Salz verrühren und zum Schluß vorsichtig den Eischnee unterheben. Die Quarkmasse auf den Mürbeteig verteilen und im vorgeheizten Backofen etwa 1 Stunde backen.

Omas Tip

Damit der Käsekuchen nach dem Backen nicht zusammenfällt, sticht man 10 Minuten vor Ende der Backzeit mit einer feingezinkten Gabel mehrere Male in den Käsekuchen ein.

Marmorkuchen

Zutaten

200 g Butter
3–4 Eier, getrennt
abgeriebene Schale von 1 Zitrone
200 g Zucker
500 g Mehl
1 Päckchen Backpulver
1/8 l Milch
50–60 g Kakao

Zubereitung

Die Butter schaumig rühren, Eigelb, Zitronenschale und Zucker dazugeben und lange mitrühren. Nach und nach das gesiebte und mit Backpulver gemischte Mehl dazurühren und eventuell etwas Milch beigeben. Zum Schluß den Eischnee unterheben. In eine gut gefettete und bemehlte Kastenform drei Viertel der Teigmenge einfüllen. Zum restlichen Teig nun den Kakao mischen und mit in die Form geben. Mit einer Gabel den Teig durchziehen. Im vorgeheizten Backofen ca. 1 Stunde backen.

Omas Tip

Rührt man zu dem Teig 1–2 Eßlöffel Kirschwasser, wird er besonders locker.

Wenn sich der Kuchen nicht aus der Backform lösen läßt, legt man ein mit kaltem Wasser angefeuchtetes Tuch über die Form. Anschließend läßt sich der Kuchen problemlos aus der Form stürzen.

Teekuchen

Zutaten *60 g Butter*
3 Eier, getrennt
abgeriebene Schale von 1/4 Zitrone
200 g Zucker
90 g Mandeln oder Nüsse
180 g Mehl
80 g Speisestärke

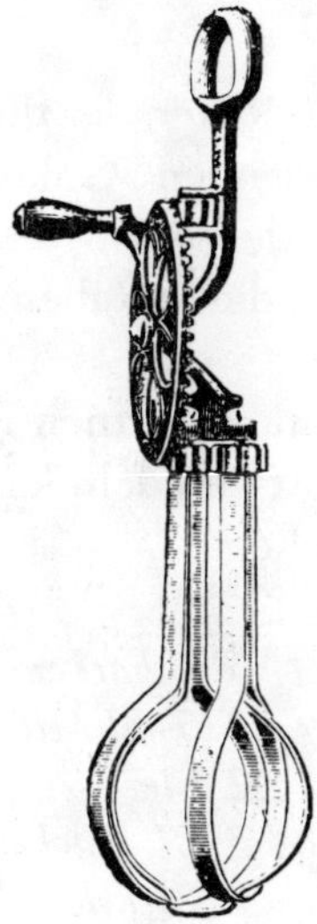

Zubereitung

Die Butter schaumig rühren, Eigelb, Zitronenschale und Zucker dazugeben und alles so lange rühren, bis ein lockerer Teig entsteht. Die gehäuteten, fein gewiegten Mandeln, das Mehl und die Speisestärke untermischen. Zum Schluß den sehr festen Eischnee unterheben. Den Teig in eine gut gefettete Kuchenform füllen und im vorgeheizten Backofen etwa 3/4 Stunde backen.

Omas Tip

Kuchenbleche oder Backformen fettet man sparsamer ein, indem man diese kurz zuvor im Backofen erwärmt und anschließend mit einem Pinsel oder einem Stück Backpapier einfettet.

Ist im Backofen etwas übergelaufen, streut man einfach Salz über die Stellen. Nach dem Auskühlen des Backofens kann man das Verbrannte mühelos abbürsten.

Armer Ritter

Der Arme Ritter, der diesen Namen vor allem im Rheinland trägt und in anderen Gegenden »Goldschnitte« oder »Verlorenes Brot« genannt wird, ist ein Klassiker der »Armeleuteküche«. Es handelt sich dabei um eine einfache Süßspeise, die vor allem aus altem Brot besteht.

Wenn man die Armen Ritter noch mit etwas Vanillesauce oder frischem Apfelkompott veredelt, kann man sie auch als Nachtisch nach einem festlichen Mahl reichen.

Zutaten *6 altbackene Brötchen*
375 ml Milch
2 Eier
3 EL Zucker
1 Päckchen Vanillinzucker
abgeriebene Schale einer 1/2 Zitrone
80 g Butter
5 EL Semmelbrösel
Zimt
Zucker

Zubereitung

Die Rinden von den Brötchen entfernen. Die Milch mit den Eiern, dem Zucker, Vanillinzucker und der Zitronenschale verquirlen. Die Brötchen halbieren, mit der verquirlten Milch übergießen, gut einweichen und abtropfen lassen. Butter erhitzen und die Brötchenhälften in den Semmelbrösel wenden. In der heißen Butter von beiden Seiten goldbraun backen. Die gebackenen Brötchen mit Zimt und Zucker bestreuen und heiß servieren.

Omas Tip

Statt Semmelbrösel nimmt man besser zerkleinerten Zwieback zum Panieren.

Regenwürmer

Diese Mehlspeise stand vor allem in den mageren Kriegs- und Nachkriegsjahren und anderen Zeiten wirtschaftlicher Not häufig auf dem Speiseplan vieler Familien in Süddeutschland.

Zutaten *750 g Mehl*
1 Ei
1 Prise Salz
Wasser nach Bedarf
Butter zum Braten
3–4 EL Zucker
3/4 l heiße Milch

Zubereitung

Mehl auf ein Nudelbrett geben und mit dem Ei, dem Salz und etwas Wasser zu einem geschmeidigen Teig verarbeiten. Den Teig abgedeckt 30 Minuten ruhen lassen. Dann daraus kleine fingerdicke Nudeln formen, die »Regenwürmer«, die man etwa 15 Minuten trocknen läßt.

Butter mit einigen Eßlöffeln Zucker in einer Bratpfanne erhitzen, die Nudeln hinzugeben und mit der heißen Milch auffüllen. Die Nudeln köcheln lassen und ab und zu mit einem Bratlöffel wenden. Sollte die Milch zu schnell einkochen, gibt man noch etwas heiße Milch hinzu. Wenn sie eingedampft ist und die »Würmer« schön braun sind, ist das Gericht fertig.

Kaiserschmarrn

Zutaten
8 Eier, getrennt
3 EL Rosinen
20 ml Rum
250 g Mehl
1/4 l Milch
Salz
Zucker
Fett
Puderzucker

Zubereitung

Die Eier trennen und das Eiweiß steif schlagen. Rosinen in Rum einweichen. Gesiebtes Mehl nach und nach mit Eigelb und Milch verrühren, salzen und zuckern. Rum und Rosinen darübergießen, untermischen und den Teig 30 Minuten ruhen lassen. Kurz vor dem Backen steifen Eischnee unterheben.

Reichlich Butter in eine Pfanne geben und die schaumige Masse bei mittlerer Hitze so lange braten, bis die Unterseite schön braun ist, dann wenden und die andere Seite braten. Anschließend das Ganze mit der Gabel in Stücke zupfen, Zucker darüber streuen und zu Ende braten. Dabei immer darauf achten, daß so viel Butter in der Pfanne ist, daß nichts anbrennt.

Omas Tip

Der Kaiserschmarrn kann vorbereitet und anschließend bei 20 °C im Backofen aufbewahrt werden.

Man kann den Kaiserschmarrn mit einer abgeriebenen Zitronenschale, Rum, Orangenlikör und Vanillezucker verfeinern oder die Rosinen vorher etwa 1 Stunde lang in Rum oder Arrak einlegen.

Register

A
Aal grün in Dillsauce 195
Apfel im Schlafrock 263
Apfelauflauf 261
Apfelkompott 248
Apfelkuchen 265
Armer Ritter 274

B
Bauernessen aus der Rhön 143
Bayrisch Kraut 95
Beamtenstip 22
Béchamelsauce 167
Biersauce 168
Biersuppe 55
Bismarck-Suppe 44
Blumenkohl überbacken mit Buttersauce 92
Blutwurstsuppe 41
Bohnengemüse 86
Bollenfleisch 233
Bratkartoffeln mit Käse 130
Bratkartoffeln mit Speck 152
Bratwurst in Bier 234
Brot-Kartoffel-Knödel 140
Brotsuppe 37
Brotwürfel 61
Bruchspargel 83
Buttermilch-Bohnensuppe 38
Buttermilch-Erdbeerschale 245
Buttermilch-Stampfkartoffeln 132
Buttermilchsuppe 40

C
Camembert-Brotaufstrich 25
Chicorée-Salat 108
Cumberlandsauce 175

E
Eierstich 60
Eisbein mit Sauerkraut 218
Endiviensalat 107
Erbseneintopf 49
Erbspüree 101
Errötendes Mädchen 251

F
Fenchelgemüse 84
Flammeris 257
Fleischsalat 116
Forelle blau 191

Frikadellen 235
Frühlingssauce 166

G

Gamsbraten 223
Gebackene Leber 212
Gebackene Leberknödel 208
Gebackener Fisch 178
Gebratener Fisch 179
Gedünsteter Zander 197
Gefüllte Gurken 70
Gefüllte Kalbsbrust 209
Gefüllte Kartoffeln 126
Gefüllte Paprikaschoten 72
Gefüllte Tomaten 68
Gefüllter Sellerie 66
Gekochte Eier in Senfsauce 23
Gekochte Kartoffelklöße 138
Gekochter Fisch 181
Gekochter Stockfisch 182
Gemüsekalender 64
Geschlagene Buttersauce 171
Grundsauce 162
Gugelhupf 244
Gurkengemüse 78
Gurkensalat 111

H

Hackbraten 203
Hähnchen mit gebackenen Semmelknödeln 225
Hering in Quarktunke 183
Heringssalat 114
Heringstopf 194
Himmel und Erde 136
Hirschkeule 228
Hoppel-Poppel 200
Hühner-Frikassee 227

I

Irish Stew 215

K

Käsekuchen 271
Kaffeecreme 255
Kaiserschmarrn 276
Kalbsfrikassee Berliner Art 210
Kalte Buttermilchschüssel 246
Karamelcreme 256
Karpfen Greizer Art 188

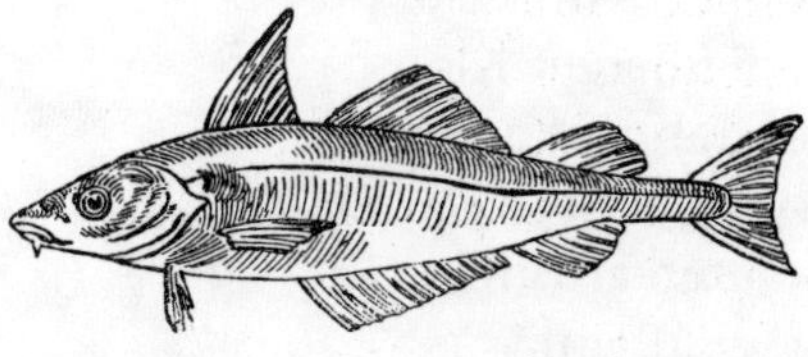

Karpfen in Biersauce 190
Kartoffel-Möhrenpüree 155
Kartoffelpüree 131
Kartoffelgulasch mit Blut- und Leberwurst 124
Kartoffelküchlein 133
Kartoffelmaultaschen mit Pilzfüllung 141
Kartoffelsuppe von gekochten Kartoffeln 36
Kasseler Rippenspeer 213
Kastaniensuppe 48
Kerbelsuppe 33
Knoblauchsuppe 53

Knödelsalat sauer 119
Kölner Neujahrskarpfen 189
Kölner Zwiebelsuppe 43
Königsberger Klopse 205
Kohlrabi auf andere Art 87
Kopfsalat 106
Kräuterkartoffeln 128
Krautauflauf 71
Krautsalat 113
Krautwickel 201
Kroketten von Bratenresten 14
Kümmelkartoffeln 129

L

Laugenbrezelsuppe 54
Leberknödel 207
Leberspätzlesuppe 56
Leipziger Allerlei 90

M

Mangold 76
Marmorkuchen 272
Martinsgans 216
Matjes in Eiermarinade 187
Maurerkaviar 18
Mayonnaise 173
Meerrettichdip 169
Minutenkraut 99

O

Obstkalender 240
Ochsenschwanzragout 230
Ölsardinen auf Brötchen 21
Omas Kartoffelsalat 104

P

Pellkartoffeln mit Kräuterquark und Zwiebeln 158
Petersiliensauce 165

Petersiliensuppe 32
Pflaumenkompott 249
Pichelsteiner Eintopf 51
Pilzsauce 170
Pochierte Eier 16
Polnische Quarkknödel 150

Q

Quarkauflauf mit Brotresten 242
Quarkküchlein 142
Quarknudeln 151

R

Regenwürmer 275
Reibekuchen 144
Reisauflauf mit Quark 260
Reispudding 258
Remouladensauce 174
Rhabarberkuchen 269
Rheinische Muscheln 193
Rheinischer Feldsalat 117
Rindfleischsalat 118
Rindsroulade 202
Rollmops in Buttermilch 185
Rosenkohl 93
Rote Grütze 252
Rotkohl 96
Rumford-Suppe 46

S

Sauce Hollandaise 172
Sauerampfersuppe 58
Sauerfleisch mit Backpflaumen 236
Sauerkraut 98
Sauerkrautauflauf 100
Saure Ente 221
Saure Kartoffeln nach Großmutterart 153
Saure Linsen 59
Saure Nieren 220
Schinkenkartoffeln 135
Schinkenknödel 147
Schlesischer Streuselkuchen 270
Schnibbelkuchen 146
Schokoladencreme 254
Schupfnudeln 134
Schwarzwurzeln 81
Schwedischer Milchfisch 180
Schweinebraten 231

Sellerie-Käsebrot 17
Selleriesalat 110
Semmelknödel 156
Senfsauce 164

Serviettenknödel 148
Soleier mit zwei Saucen 26
Speckpfannkuchen 137
Spinat 74
Stachelbeerkuchen 267
Stielgemüse 77
Strammer Max 28
Sülze 19

T

Teekuchen 273
Teltower Rübchen 80
Tomatensalat 109
Tomatensauce 163
Tomatensuppe 34
Topfkuchen 154

V

Vanillecreme 253
Vanillesauce 247

W

Wackelpeter 259
Waffeln 262
Wirsing 94

Z

Zitronenspeise 250
Zuckerschoten 89

Für Ihre Notizen